유튜버 존코바의

클릭을 유도하는
유튜브
디자인
with 포토샵

존코바(이요한) 지음

지은이 존코바(이요한)

모션 그래픽 디자이너이자 유튜브 크리에이터입니다. 유튜브 〈JohnKOBA Design〉 채널을 운영하면서 일반인도 디자인에 좀 더 쉽게 접근할 수 있도록 디자인 이론, 포토샵, 애프터 이펙트 등의 콘텐츠를 다루고 있습니다.

- 홍익대학교 애니메이션 전공
- KBS, MBC, SBS, CJ ENM 모션 그래픽 디자이너로 근무
- 현 디자인 스튜디오 프로젝트36 운영
- 현 유튜브 크리에이터
- 현 세종사이버대학교 유튜버학과 외래교수
- 클래스101 모션 그래픽 기초, 중급, 마스터 클래스 운영

유튜브 www.youtube.com/c/JohnKOBADesign
인스타그램 www.instagram.com/johnkoba.design
포트폴리오 www.project36.co.kr

디자인 1등 유튜버 존코바의 클릭을 유도하는 유튜브 디자인 with 포토샵

초판 1쇄 발행 2021년 9월 27일
초판 2쇄 발행 2021년 11월 29일

지은이 존코바(이요한) / **펴낸이** 김태헌
펴낸곳 한빛미디어(주) / **주소** 서울시 서대문구 연희로2길 62 한빛미디어(주) IT출판부
전화 02-325-5544 / **팩스** 02-336-7124
등록 1999년 6월 24일 제25100-2017-000058호 / **ISBN** 979-11-6224-470-8 13000

총괄 전정아 / **책임편집** 배윤미 / **기획** 박은경 / **편집** 유희현 / **교정** 오시정
디자인 윤혜원 / **전산편집** 김보경
영업 김형진, 김진불, 조유미 / **마케팅** 박상용, 송경석, 한종진, 이행은, 고광일, 성화정 / **제작** 박성우, 김정우

이 책에 대한 의견이나 오탈자 및 잘못된 내용에 대한 수정 정보는 한빛미디어(주)의 홈페이지나 아래 이메일로 알려주십시오.
잘못된 책은 구입하신 서점에서 교환해 드립니다. 책값은 뒤표지에 표시되어 있습니다.
한빛미디어 홈페이지 www.hanbit.co.kr / 이메일 ask@hanbit.co.kr / 자료실 www.hanbit.co.kr/src/10470

지금 하지 않으면 할 수 없는 일이 있습니다.
책으로 펴내고 싶은 아이디어나 원고를 이메일(writer@hanbit.co.kr)로 보내주세요.
한빛미디어(주)는 여러분의 소중한 경험과 지식을 기다리고 있습니다.

모든 콘텐츠의 첫인상은 디자인이 결정합니다

저는 11년간 모션 그래픽 디자이너로 활동하고 있으며 현재는 디자인 관련 유튜브 채널을 운영하고 있습니다. 최근 3년간 본격적으로 유튜브 채널을 운영하면서 '디자인을 배우길 정말 잘했다'는 생각을 하고 있습니다. 디자인은 제품, 콘텐츠에서 소비자가 가장 먼저 인지할 수 있는 시각적 대상이자 첫인상을 결정하는 가장 중요한 요소이기 때문입니다. 우리는 작은 소품 하나를 사더라도 디자인을 통해 그 가치를 생각합니다. 디자인은 우리가 눈으로 가장 먼저 인식할 수 있는 가치판단의 척도라는 이야깁니다. 유튜브도 마찬가지입니다. 콘텐츠의 내용도 물론 중요하지만, 콘텐츠에 일단 도달하게끔 하는 역할은 디자인이 합니다.

그런데 대부분의 사람들은 디자인이라고 하면 '그건 재능과 감각이 있는 사람들이 하는 것'이라고 생각하거나 '열심히 배워봤자 그런 사람들 보다는 못해'라고 생각하며 어렵게만 느낍니다. 물론 저 또한 처음 디자인을 배울 때는 컬러, 레이아웃 등의 감각이 무엇인지 도대체 모르겠다고 생각하거나 내가 디자인을 잘 해낼 수 있을지 의문을 가지고 있었습니다. 시작은 누구나 그렇다는 이야기입니다.

그렇게 어느덧 11년의 디자이너 경험을 쌓았습니다. 그리고 이 경험을 통해서 알게 된 사실이 있습니다. 대중 혹은 많은 시청자가 좋아하는 디자인에는 비교적 단순한 규칙이 있다는 사실입니다. 수많은 디자이너의 디자인을 살펴보면 사용되는 폰트가 항상 비슷하고, 컬러도 어디서 많이 본 익숙한 조합이며, 심지어 레이아웃도 어느 정도 규칙성을 가지고 있습니다. 이런 디자인의 단순한 규칙들을 활용하면 아무것도 모르는 사람의 디자인 감각도 바닥에서 최소 어깨까지는 올려놓을 수 있습니다. 누구나 보통 이상의 안정감 있는 디자인을 만들 수 있다는 것이며, 유튜브 시청자들로 하여금 내 콘텐츠를 클릭하고 시청하게 만드는 디자인을 만들 수 있다는 것입니다. 마치 제품의 아름다운 포장을 통해 소비자의 시선과 욕구를 사로잡는 것처럼요.

이 책에는 제가 11년간의 실무와 3년간의 유튜브 운영에서 겪은 다양한 경험을 중심으로 클릭을 유도하는 디자인에 대한 모든 노하우를 담았습니다. 이 책을 학습하고 나면 여러분들은 앞으로 감각과 천재성에 의존하는 디자인이 아니라 대중의 눈높이에 맞는, 대중을 끌어당기는 디자인을 배울 수 있을 것입니다. 이를 통해 여러분들의 콘텐츠가 더 매력적으로 보이는 멋진 유튜브 채널을 만들어가면 좋겠습니다.

2021년 9월
존코바(이요한)

이 책의 구성

내 채널에는
어떤 시청자가 찾아올까

유튜브 채널 브랜딩을 위한
디자인 기초 이론

타깃 시청자 분석, 레퍼런스 수집, 벤치마킹, 차별화 전략, 디자인 트렌드 등 채널 브랜딩을 위한 기초 이론과 타이포, 컬러, 레이아웃 등 디자인 기초 이론을 살펴봅니다.

타깃을 만족시키는 디자인

디자인하는 사람들은 아티스트와 디자이너로 분류할 수 있습니다. 이 분류에서 가장 중요한 점은 바로 디자인을 접하는 소비자, 즉 '타깃'입니다. 아티스트는 예술가이므로 특정 타깃을 두지 않고 본인이 만들고 싶은 작품을 만들지만, 디자이너의 디자인은 소비자 없이 결코 존재할 수 없습니다. 소비자 없이 디자인했다면 남들의 시선은 중요하지 않게 여긴, 본인의 만족을 위한 디자인일 확률이 높습니다.

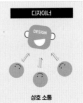

▲ 아티스트와 달리 디자이너는 대부분 명확한 타깃과의 소통을 통해 만족을 이끌어낸

044 PART 01 유튜브 채널 브랜딩을 위한 디자인 기초

템플릿을 말합니다. 엘리먼트 소스를 직접 만들기 어렵다면 유료로 구매하는 것을 모션엘리먼츠(MotionElements), 비디오하이브(VideoHive)와 같은 웹사이트에서 스를 찾을 수 있습니다. 엘리먼트 소스를 사용할 때는 효과음과 같이 사용하면 훨씬 를 줄 수 있습니다.

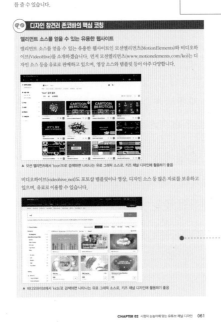

디자인 참견러 존코바의
핵심 코칭

디자인 1등 유튜버, 11년 차 실무 디자이너 존코바의 핵심 노하우를 바탕으로 꼭 알아두어야 하는 내용을 추가로 알려줍니다.

예시와 같이 레퍼런스 채널을 모아 각각의 디자인 방향과 그에 따른 구독자수와 조회수, 댓글수 등은 어떤지 파악하며 정리합니다. 이렇게 다른 채널을 분석하기만 해도 시야가 넓어져 조금씩 디자인 인사이트를 얻을 수 있습니다. 이 과정을 거치고 나면 시청자가 좋아하는 디자인과 좋아하지 않는 디자인을 구분하며 작업할 수 있습니다.

알아두면 쓸모 있는 ▶ TIP 인사이트
인사이트란 특정 분야를 보는 통찰력, 이해력을 말합니다. 디자인 인사이트를 얻게 되면 디자인을 소비하는 사람들의 선호도를 이해할 수 있습니다.

▲ 많은 레퍼런스 채널을 분석하다 보면 그 분야에 대한 인사이트가 생김

분석한 여러 고양이 채널을 다음과 같이 간략하게 정리해볼 수 있습니다. 여기서는 구독자수, 디자인 포인트, 장단점 등을 간단하게만 정리해보았습니다.

그루밍데이 고양이(cat vlog)	
구독자수	34만 명(2020년 1월)
디자인 포인트	모노톤으로 세련함 느낌
장점	포인트 컬러 활용이 훌륭
단점	없음

KISH-Log 키쉬의 브이로그	
구독자수	32만 명(2020년 1월)
디자인 포인트	감각적인 색감
장점	간결하고 세련된 자막
단점	없음

▲ 한눈에 파악하기 쉽도록 정리해둔 레퍼런스(그루밍데이 고양이(cat vlog), (KISH-Log 키쉬의 브이로그) 채널 분석)

074 PART 01 유튜브 채널 브랜딩을 위한 디자인 기초

알아두면 쓸모 있는 TIP

헷갈리거나 놓칠 수 있는 부분, 생소한 용어 등 추가 설명이 필요한 부분을 보충해 줍니다.

메인 폰트   부드러운 세리프의 폰트
앤릴런스한 크기의 폰트
귀여운, 둥글

▲ 키즈 채널의 메인 폰트

01 아이들이 좋아하는 다채로운 컬러를 사용한다

전체적인 채널 디자인을 만들어가는 과정에서 컬러를 아끼지 말고 사용하면 좋습니다. 과해 보일 수도 있지만, 화려한 컬러의 장난감이나 놀이기구를 좋아하는 아이들 입장에서 바라보아야 합니다. 장난감 사진의 화려한 컬러 때문에 섬네일이 너무 정신없다면, 레이아웃이나 정렬을 깔끔하게 정리해 시각적으로 안정적인 상태로 만듭니다.

02 섬네일은 심플하고 단순하게 만든다

디자인 요소나 삽입되는 이미지, 영상에 등장하는 장난감 등이 이미 매우 화려하므로 섬네일은 오히려 심플하고 단순하게 디자인합니다. 키즈 채널의 영상은 장난감 리뷰나 아이들이 노는 모습이 주요 콘텐츠입니다. 이미 장난감이나 아이들 옷의 컬러가 상당히 화려한 편이죠. 섬네일까지 화려하게 텍스트나 디자인 요소를 많이 삽입하면 오히려 장난감으로 집중된 시선이 분산되므로 삽입하지 않는 것을 추천합니다. 장난감이나 핵심이 되는 대상이 가장 잘 보이도록 섬네일을 디자인합니다.

▲ 아이들이 매료될 만한 사진이 있자면 상세일을 만들 때 텍스트보다 이미지에 시선을 집중시키는 편이 나옴

03 다양한 디자인 엘리먼트 소스와 효과음을 활용한다

키즈 채널에는 펑 터지는 효과, 눈이 떨어지는 효과 등 디자인 엘리먼트 소스가 많이 포함됩니다. 엘리먼트 소스란 포토샵이나 프리미어 프로 등에서 바로 사용할 수 있도록 만들어둔 디자인

060 PART 01 유튜브 채널 브랜딩을 위한 디자인 기초

다양한 사례와 디자인 비교 예시

다양한 사례를 통해 내용 이해를 돕고, 디자인 비교 예시를 통해 좋은 디자인이란 무엇인지 상세히 알아봅니다.

이 책의 구성

포토샵을 활용한
실전 유튜브 채널 디자인

배너 이미지부터 섬네일, 로고, 인트로, 아웃트로, 자막 디자인까지 포토샵을 활용해 유튜브 채널 운영에 필요한 디자인 요소를 직접 만들어봅니다.

상세한 따라 하기 실습 단계

포토샵을 잘 활용하지 못해도 차근차근 따라 하면 멋진 디자인 작업물을 만들 수 있도록 단계별로 상세하게 실습 과정을 안내합니다.

STEP 04

왼쪽 정렬로 가독성을
극대화한 섬네일 만들기

파일 Part 02/Chapter 03/레이아웃_예제1_준비.psd, Party Image.jpg, 레이아웃_예제1_완성.psd

학습 내용 ● 텍스트를 왼쪽에 배치해 가독성을 극대화하기
● Subject로 이미지의 원하는 부분만 손쉽게 자르기

핵심 기능 그레이디언트 도구, 펜 도구, Subject, 올가미 도구

222 **PART 02** 포토샵을 활용한 실전 유튜브 채널 디자인

예제 파일, 학습 내용, 핵심 기능

실습에 필요한 예제 파일을 안내해주며,
어떤 기능을 학습하고 무엇을 만드는지 알
려줍니다.

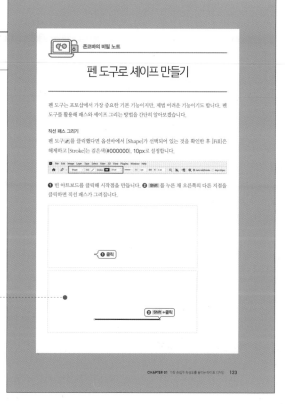

존코바의 비밀 노트

자칫 어렵게 느껴질 수 있는 포토샵 기초
기능, 추가로 알아두면 좋은 심화 학습 내
용 등 디자인 작업을 도와줄 다양한 노하
우를 상세하게 알려줍니다.

다운로드

포토샵 무료 체험판 다운로드

어도비 홈페이지 모든 제품 소개 페이지(www.adobe.com/kr/products/catalog.html)에 접속한 후 [Creative Cloud 모든 앱]의 [무료 체험판]을 클릭합니다.

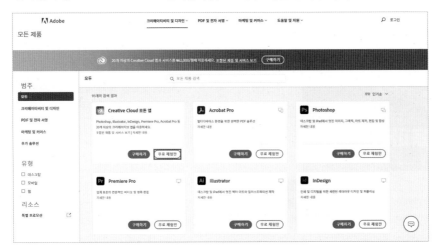

사용 목적, 구독 유형을 선택하고 이메일을 입력하면 결제 정보를 입력할 수 있는 페이지가 나타납니다. 결제 정보를 입력한 후 [무료 체험기간 시작]을 클릭합니다. 무료로 사용할 수 있는 기간은 일주일이고 이후에 유료 결제가 청구됩니다. 유료 결제를 원하지 않는다면 일주일이 지나기 전에 결제를 취소해야 합니다.

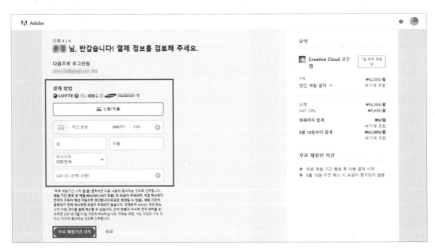

크리에이티브 클라우드 데스크톱을 열고 로그인합니다. [모든 앱]의 [시험 사용할 앱]에서 Photoshop의 [시험 사용]을 클릭하면 설치를 완료한 후 포토샵 무료 체험판을 이용할 수 있습니다.

▲ 포토샵은 설정을 변경하지 않으면 한글판으로 설치됩니다. 포토샵 영문판을 설치하려면 상단의 ⬤을 클릭하고 [환경 설정]을 클릭해 [앱]의 [기본 설치 언어]를 [English (International)]로 변경한 후 설치합니다.

예제 파일 다운로드

이 책의 모든 예제 파일은 한빛출판네트워크 홈페이지(www.hanbit.co.kr)에서 다운로드할 수 있습니다. 홈페이지에 접속한 후 오른쪽 하단의 [자료실]을 클릭하고 도서명으로 검색한 후 [예제소스]를 클릭해 다운로드합니다. www.hanbit.co.kr/src/10470으로 접속하면 예제 파일 다운로드 페이지로 바로 이동할 수 있습니다.

섬네일 디자인

배너 이미지 디자인

디자인 미리 보기

로고 디자인

인트로, 아웃트로, 자막 디자인

 존코바 TV 존코바 안녕하세요, 구독자 여러분

목차

목차

PART 02

포토샵을 활용한 실전 유튜브 채널 디자인

CHAPTER 01
가장 손쉽게 완성도를 높이는 타이포 디자인

목차

CHAPTER 02
채널의 아이덴티티를 만드는 컬러 디자인

목차

CHAPTER 03
시청자의 시선을 조정하는 레이아웃 디자인

CHAPTER 04
가치를 높이는 유튜브 채널 브랜딩

목차

특별부록
디자인에는 끝이 없다

PART 01

유튜브 채널 브랜딩을 위한
디자인 기초

CHAPTER 01

유튜브 채널 디자인과 브랜딩

유튜브는 그저 영상만 잘 만들면 된다고 생각하거나 자극적인 콘텐츠만을 최우선으로 여길 수 있지만,
이보다 더 중요한 것이 있습니다. 바로 채널 디자인과 브랜드 디자인입니다.
이번 CHAPTER에서는 채널을 성장시키는 데 필요한 채널 디자인과
브랜딩에 필요한 브랜드 디자인을 알아보겠습니다.

STEP

01

유튜브에서
디자인이란

유튜브 채널의 아이덴티티를 전달하는 디자인

저는 디자이너입니다. 제 직업을 소개하면 이런 말을 자주 듣습니다.

"어쩐지 스타일이 좋으시더라고요."
"디자이너의 집은 뭔가 다르네요."
"그림 잘 그리시겠어요."

여기에 내포된 뜻은 '개성 있다', '감각적이다' 또는 '시각적으로 예쁘다'라는 의미인 듯합니다.
이처럼 좋은 디자인이라면 누가 봐도 시각적으로 아름다워야 한다고 여겨지지만 사실 디자인
의 가장 중요한 본질은 소비자와의 소통, 즉 커뮤니케이션입니다.

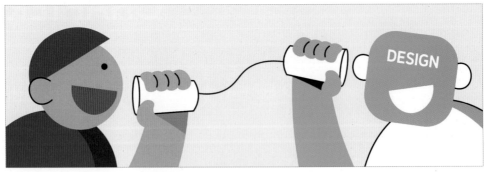

▲ 디자인의 가장 중요한 본질은 소비자와의 커뮤니케이션

외관은 예쁜데 아무리 봐도 무엇에 쓰는 물건인지 파악하기 어려운 상자 하나가 있습니다. 수납이 가능한 빈 상자인지, 걸터앉을 수 있는 의자인지, 빛을 내는 조명인지 알 수 없습니다. 아무리 만져보고 고민해봐도 용도와 사용법을 알 수 없다면 과연 이 상자를 잘 디자인된 제품이라고 할 수 있을까요? 상자가 그저 예술 작품이라면 이야기는 달라지겠지만, 좋은 디자인이라고는 할 수 없습니다.

▲ 사용 목적을 알 수 없는 디자인은 좋은 디자인이라 할 수 없음

예술은 감상하는 것만으로도 가치가 있지만, 디자인은 소비하지 않으면 의미가 없습니다. 디자인은 아름다움뿐만 아니라 소비자와의 충분한 상호작용이 더해져야 가치를 지닙니다. 그러므로 디자인의 가장 중요한 본질은 커뮤니케이션입니다.

유튜브 채널 운영도 마찬가지입니다. 많은 사람과의 공유를 목적으로 콘텐츠를 제작해 업로드한다면 나만 공감하고 나만 재미있는 영상은 의미가 없습니다. 내 채널을 아무도 봐주지 않는다면 채널은 개인의 일기장에 지나지 않을 테니까요. 다양한 시청자와 충분한 상호작용이 되어야 채널이 꾸준히 성장할 수 있습니다.

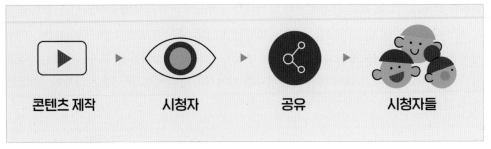

▲ 공유 목적으로 콘텐츠를 제작해 업로드한다면 다양한 시청자와의 충분한 상호작용이 필요함

이때 채널 디자인은 채널의 아이덴티티를 전달하는 중요한 역할을 합니다. 유튜브 채널의 배너 이미지, 영상 섬네일, 콘텐츠 타이틀, 자막 등 모든 디자인 요소는 시청자가 바라보는 채널의 인상을 결정짓기 때문입니다. 이 요소들을 통해 시청자들과 소통하면서 채널의 아이덴티티가 만들어지므로 콘텐츠만큼이나 채널 디자인에 신경을 써야 합니다.

유튜브 채널의 디자인 요소 여섯 가지

유튜브 채널의 디자인 요소는 무엇이 있는지 살펴보겠습니다. 이 외에도 다양한 디자인 요소가 있지만, 여기서 소개하는 여섯 가지만 알아두어도 충분합니다.

❶ 프로필 사진
❷ 배너 이미지
❸ 섬네일
❹ 인트로와 아웃트로
❺ 브리지
❻ 자막

프로필 사진이나 배너 이미지부터 자막과 같이 영상에 삽입되는 디자인 요소까지 하나씩 차근차근 살펴보겠습니다.

01 프로필 사진

프로필 사진은 채널을 표현하는 가장 중요한 디자인 요소입니다. 유튜브에서 채널을 검색했을 때 프로필 사진이 가장 먼저 노출되기 때문입니다. 채널이 시청자에게 확실하게 인식될 수 있도록 심플하게 디자인하는 편이 좋습니다.

▲ 유튜브에서 '존코바'로 검색하면 가장 상위에 나타나는 〈JohnKOBA Design〉 채널의 프로필 사진(로고)

또한 프로필 사진은 영상을 시청할 때도 영상 아래쪽에 계속 노출됩니다. 크기는 작지만 시청자들에게 가장 확실하게 채널을 표현할 수 있는 수단입니다.

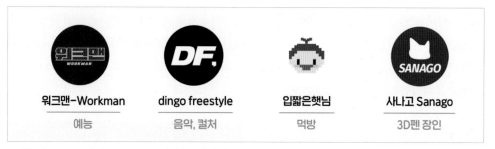

▲ 〈워크맨-Workman〉, 〈dingo freestyle〉, 〈입짧은햇님〉, 〈사나고 Sanago〉 채널의 프로필 사진(로고)

02 배너 이미지

배너 이미지는 채널 상단에 나타나는 메인 이미지를 말합니다. 채널의 성격을 가장 잘 나타낼 수 있는 요소이므로 채널의 정보를 담아야 합니다. 가로로 길다는 특징이 있으며, 데스크톱뿐만 아니라 태블릿이나 모바일에서도 잘 보일 수 있도록 디자인해야 합니다.

▲ 〈JohnKOBA Design〉 채널의 배너 이미지 디자인

03 섬네일

섬네일은 영상 콘텐츠의 핵심 내용을 압축해 담은 한 장의 이미지입니다. 채널의 디자인 톤에 맞춰 콘텐츠에 대한 궁금증을 유발할 수 있도록 제작하면 좋습니다.

인기 업로드 ▶ 모두 재생

▲ 여러 섬네일이 함께 보일 때도 모두 깔끔하게 잘 보이도록 디자인해야 함

04 인트로와 아웃트로

인트로는 영상을 재생할 때 가장 먼저 나타나는 타이틀 그래픽이고, 아웃트로는 콘텐츠가 끝난 후에 나타나는 엔딩 영상입니다. 인트로는 건너뛰는 시청자도 많아 최근에는 건너뛸 새 없이 지나가도록 짧은 길이로 만들곤 합니다. 아웃트로에서는 다른 영상을 추천하거나 구독을 유도하는 버튼을 보여주기도 합니다. 일관성을 유지하기 위해 인트로와 아웃트로 모두 채널의 디자인 톤에 맞춰 제작합니다.

▲ 채널의 아이덴티티를 반영해 제작한 〈JohnKOBA Design〉 채널의 '디자인 참견러' 시리즈 인트로 디자인

05 브리지

브리지는 영상 중간중간 화면이 전환될 때 짧게 나타나는 그래픽 디자인입니다. 보통 1초 미만의 짧은 영상으로 제작하며, 영상과 영상 사이를 환기하는 역할을 합니다. 이 역시 채널의 아이덴티티를 유지하며 제작하면 좋습니다.

▲ 영상과 영상 사이를 그래픽 디자인으로 환기하는 〈JohnKOBA Design〉 채널의 브리지 디자인

06 자막

영상에 삽입되는 텍스트 요소입니다. 채널의 디자인 톤에 맞게 제작하고, 다양한 상황에 맞게 사용할 수 있도록 여러 디자인을 준비하면 좋습니다.

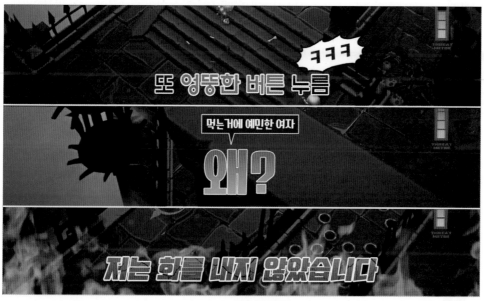

▲ 게임 채널에 어울리는 자막 디자인 예시로, TV 예능에 나오는 자막과 비슷한 형태

이 외에도 소소한 디자인 요소들이 더 있지만, 지금 설명한 여섯 가지 요소만 기억하면 유튜브 디자인을 만들어가는 데 큰 어려움이 없을 것입니다.

STEP 02

왜 유튜브 디자인에 주목해야 할까

구독과 좋아요를 부르는 유튜브 디자인

유튜브 붐이 일기 전에는 채널 디자인이 그다지 중요하지 않았습니다. 유튜브에 콘텐츠가 많지 않아 단순히 콘텐츠만 재밌고 유익하면 시청자의 관심을 끌 수 있었기 때문입니다. 지금은 상황이 많이 달라져 누구나 스마트폰과 앱 하나면 멋진 영상을 만들 수 있습니다. 콘텐츠 제작의 진입장벽이 무척 낮아졌고, 유익할 뿐만 아니라 화려한 디자인 요소를 가미한 영상도 넘쳐납니다.

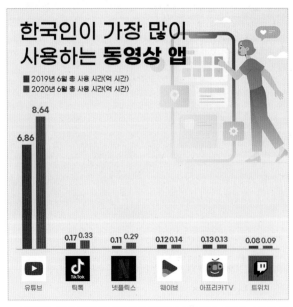

▲ 와이즈앱, 와이즈리테일의 〈2020년 한국인이 가장 많이 이용하는 동영상 앱〉 조사 자료(출처 : http://naver.me/FWJuupJD)

이러한 상황이다 보니 각 콘텐츠의 주제나 특별함의 경계가 사라져 비슷한 콘텐츠가 점점 많아지고 있습니다. 콘텐츠의 홍수 속에서 내 영상이 돋보이려면 일단 시청자의 시선을 사로잡을 수 있어야 합니다. 수많은 추천 영상 사이에서 섬네일이 돋보여야 하는 것은 물론, 하려는 이야기가 무엇인지 명확하게 보여주어야 해당 주제에 관심 있는 시청자들에게 직관적으로 어필할 수 있습니다.

▲ 수많은 영상 사이에서 살아남으려면 시청자의 시선을 사로잡을 수 있어야 함

채널명의 경우 대부분 짧게는 며칠, 길게는 몇 달을 고민하면서 신중하게 정합니다. 어렵사리 채널명을 정했다면 다음은 프로필 사진에 등록할 로고나 배너 이미지, 섬네일 등을 디자인할 차례입니다. 그런데 많은 유튜버가 디자인을 할 때는 이름을 짓는 것만큼 많이 고민하지 않습니다. 채널 디자인은 콘텐츠보다 먼저 시청자와 만나는 접점으로, 채널명이나 콘텐츠 못지않은 고민이 필요합니다. 글은 집중해서 읽어야 의미를 파악할 수 있지만, 그림은 직관적으로 시선을 사로잡아 클릭 등의 행동을 유도하고 시청으로 이어지게 만들기 때문입니다. 글은 사람의 마음을 움직이게 하지만, 그림은 사람의 눈을 움직이게 한다는 점을 기억해야 합니다.

▲ 때로는 글보다 그림 한 장이 시선을 훨씬 더 집중시키는 효과가 있음

채널 디자인과 콘텐츠의 관계를 우리가 평소 사용하는 제품에 빗대어 생각해봅시다. 외관이 예뻐서 구매했는데 사용하기 불편하거나 기능이 기대에 못 미치는 경우, 기능은 매우 뛰어나지만 외관이 예쁘지 않은 경우가 있습니다. 두 경우 모두 제품이 완전히 만족스럽지는 않습니다. 여기서 제품의 외관을 '채널 디자인'으로, 제품의 기능을 '콘텐츠'로 대입해 생각해보면 쉽게 이해됩니다.

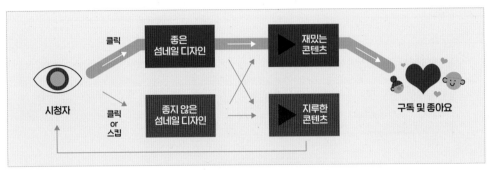

▲ 시청자가 좋은 디자인의 섬네일을 클릭하고 구독하거나 좋아요를 누르는 과정

섬네일이 눈에 쏙 들어와서 해당 콘텐츠를 클릭해 영상을 보게 되었는데 막상 콘텐츠는 지루하고 재미없는 경우, 콘텐츠는 굉장히 좋은데 섬네일이 눈에 띄지 않아 아무도 클릭하지 않는 경우가 발생합니다. 만약 콘텐츠가 훌륭한데 전체적인 디자인이 매력적이지 않아 아무도 클릭하지 않는다면 콘텐츠를 위한 고민이 모두 헛수고로 돌아갑니다. 안타까운 상황이 아닐 수 없습니다. 눈길을 사로잡는 멋진 디자인과 첫인상에 어울리는 매력적인 영상 콘텐츠가 합쳐져야 시청자가 채널을 구독하고 좋아요를 누르면서 여러분의 채널을 다시 방문할 것입니다.

STEP 03

유튜브 채널 브랜딩이 필요한 이유

유튜브 채널 브랜딩을 통한 차별화 전략

브랜딩이란 말을 종종 들어보았을 것입니다. 대체 브랜딩이란 정확히 무엇일까요? 브랜딩이란 기업의 제품, 서비스 등에 아이덴티티를 담아서 소비자에게 인식시키고 가치 있게 만드는 것을 말합니다. 브랜딩의 중요한 요소 중 하나는 '브랜드 디자인'입니다. 브랜드 디자인이란 아이덴티티를 시각적으로 풀어내는 것을 말합니다. 더 구체적으로는 디자인을 통해 브랜드 아이덴티티를 보여주고, 브랜드에 관한 일관된 메시지를 전달하는 것입니다.

▲ 디자인을 비롯해 다양한 요소를 신경 써야 하는 브랜딩

예를 하나 들어보겠습니다. 스타벅스와 빽다방은 주변에서 흔하게 접할 수 있는 커피 브랜드입니다. 스타벅스는 브랜드 아이덴티티를 차분한 컬러를 활용한 모던함으로 설정했고, 빽다방은 반대로 화려한 컬러와 친근함으로 설정했습니다. 결정된 각각의 아이덴티티를 시각화한 결과 스타벅스는 그린 컬러의 세이렌 모티브를 활용한 로고를, 빽다방은 화려한 컬러와 친근한 느낌을 살린 캐릭터 이미지 로고를 만들었습니다.

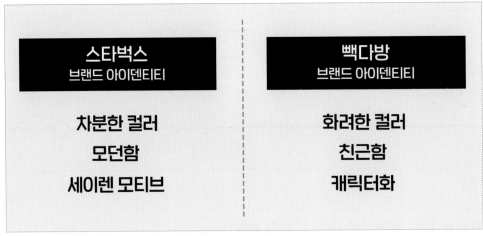

▲ 스타벅스와 빽다방 로고 디자인의 브랜드 아이덴티티 분석

유튜브 채널도 마찬가지입니다. 현재의 유튜브 생태계는 이미 레드 오션이라 비슷한 콘텐츠가 넘쳐나고 있습니다. 하루에도 수백 개가 넘는 영상 콘텐츠를 접하는 시청자들에게 내 채널을 인식시키고 매력적인 기억으로 남기기가 어려운 상황입니다. 이때 채널 브랜드가 힘과 가치를 지니려면 고유의 브랜드 디자인으로 아이덴티티를 구축해나가야 합니다.

결국 브랜드 디자인은 남들과는 조금 다른, 채널만의 고유한 색과 개성을 표현하는 것입니다. 즉 '차별성'이 가장 중요하므로 채널만의 아이덴티티를 구축해 비슷한 채널과의 차별성을 만들고, 이를 시청자들에게 각인시키기 위해 채널 내에서 통일성 있게 디자인합니다. 이러한 과정이 여러분의 채널에 힘과 가치를 만들어주고, 더 나아가 채널이 성장하는 발판이 되어줄 것입니다.

존코바 채널의 브랜딩 키워드와 디자인 방향

〈JohnKOBA Design〉 채널의 브랜딩 키워드는 '심플함'이므로 브랜드 디자인의 방향은 '최소한의 인풋으로 최대한의 아웃풋'이 되었습니다. 국내외의 수많은 디자인 채널과 차별성을 두기 위해 '최대한 쉽게 알려주는' 디자인 강의 채널로 콘셉트를 설정했습니다.

▲ 블루 컬러를 중심으로 심플하고 세련된 느낌을 시각화한 〈JohnKOBA Design〉 채널의 브랜드 디자인

섬네일이나 자막 등은 다양한 색을 피해 최대한 간결하게 디자인했고, 영상도 화려한 이펙트는 지양해 간단명료한 방식으로 편집했습니다. 이렇게 심플한 디자인을 채널 곳곳에 녹여내며 브랜딩의 힘을 쌓아갔습니다.

▲ 브랜드 아이덴티티인 '심플함'을 시각화한 〈JohnKOBA Design〉 채널의 섬네일 디자인

유튜브 디자인

채널별 디자인

채널 특징 분석

타이포 디자인

컬러 디자인

레이아웃 디자인

유튜브 브랜딩

디자인 트렌드

〈JohnKOBA Design〉 채널의 브랜딩 키워드, 디자인 방향, 시각화 및 채널에 적용하는 과정을 정리해보면 다음과 같습니다.

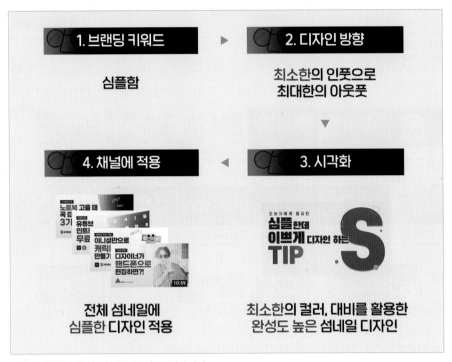

▲ 〈JohnKOBA Design〉 채널의 브랜드 디자인 과정

디자인은 시선을 끌기 위해서도 중요하지만, 채널의 브랜드 이미지를 만들어가는 데도 큰 역할을 합니다. TV 방송사들 역시 각 채널의 특징에 맞는 로고, CM송, 브랜딩 영상 등을 통해 각자의 아이덴티티를 일관성 있게 표현합니다. 이를 통해 다른 채널과 차별화할 수 있는 브랜드 이미지를 구축하는 것이죠. 유튜브 채널도 마찬가지입니다. 채널을 개설하고 콘텐츠를 업로드하는 과정에서 잘 만들어진 채널 디자인으로 브랜딩을 해나간다면 수많은 채널 사이에서 여러분의 채널이 단연 눈에 띄게 됩니다. 또한 많은 사람이 여러분의 채널을 전문적이고 매력적이라고 느낄 것입니다. 브랜드 디자인에 관해서는 PART 02의 CHAPTER 04에서 더욱 자세히 설명하겠습니다.

유튜브 디자인에 필요한 도구

장인에게는 도구가 중요하지 않다는 말도 있지만, 좋은 도구는 작업 시간을 확실히 단축시켜줍니다. 어떤 프로그램을 사용하느냐에 따라서 배우는 속도가 달라질 수 있으며, 유튜브에 한발 앞선 디자인을 적용할 수도 있습니다.

▲ 최근에는 붓이나 연필보다 태블릿 등의 도구를 활용해 디자인하는 흐름이 일반적

디자인 프로그램은 무료·유료를 통틀어 수십 가지가 있지만, 전 세계적으로 어도비의 포토샵을 가장 많이 사용합니다. 유료이긴 하지만 구독 방식이라 매달 결제해 사용하다가 사용을 원하지 않을 때 언제든지 해지할 수 있습니다. 포토샵 외에도 활용할 수 있는 어도비의 디자인·편집 프로그램으로 일러스트레이터, 프리미어 프로, 애프터 이펙트가 있습니다.

Photoshop

▶ 가장 많이 사용하는 이미지 편집 프로그램
▶ 디자인, 그림, 보정, 합성 등에 주로 사용

Illustrator

일러스트, 아이콘 등
제작 프로그램

Premiere Pro

영상 편집 프로그램

After Effects

타이틀, 타이포 등
모션 제작 프로그램

▲ 어도비의 포토샵, 일러스트레이터, 프리미어 프로, 애프터 이펙트

어도비 프로그램을 추천하는 이유는 유튜브나 카페, 블로그 등 온라인에 강의와 관련 정보가 많기 때문입니다. 이 덕에 지식을 습득하거나 모르는 부분을 질문하기에 편리합니다. 또한 어도비의 모든 디자인 프로그램은 서로 유연하게 연동되며, 전문적인 디자인까지 가능해 사용법을 익혀둔다면 상당히 유용하게 활용할 수 있습니다. 그럼 간단하게 각 프로그램의 장점을 알아보고, 유튜브 디자인에서 주로 어떤 부분에 활용되는지 살펴보겠습니다.

어도비 포토샵(Adobe Photoshop)

포토샵은 디자인할 때 가장 기본이 되는 프로그램이자 여러분이 이 책으로 학습할 때 사용할 프로그램입니다. 유튜브의 모든 디자인 요소는 포토샵으로 만들고 수정할 수 있습니다. 프로필 사진의 로고, 배너 이미지, 섬네일, 자막, 사진 편집 등 유튜브에서 이미지가 사용되는 부분은 전부 포토샵을 활용해 디자인합니다. 포토샵은 관련 기초 강의가 유튜브에 많아 쉽게 배울 수 있습니다. 진입장벽이 낮아 디자인 전공이 아니더라도 독학으로 충분히 익힐 수 있는 프로그램입니다. 이 책을 통해 디자인에 관한 기본적인 인사이트가 생긴다면 포토샵으로 전문적인 디자인까지 할 수 있을 것입니다.

어도비 일러스트레이터(Adobe Illustrator)

일러스트레이터는 로고, 아이콘, 일러스트 등을 제작할 때 주로 사용하는 프로그램입니다. 채널 디자인을 할 때 포토샵만큼 자주 사용하진 않지만, 로고나 일러스트를 만들 때 사용하면 좋습니다.

어도비 프리미어 프로(Adobe Premiere Pro)

프리미어 프로는 영상을 편집할 때 기본이 되는 프로그램입니다. 대부분의 유튜버가 프리미어 프로를 사용해 영상을 편집하고 제작합니다. 포토샵과 마찬가지로 관련 기초 강의가 유튜브에 많아 쉽게 배울 수 있습니다. 포토샵보다는 진입장벽이 살짝 높지만 배우기 크게 어렵지는 않습니다. 프리미어 프로는 영상 편집에 주로 사용하지만, 자막 디자인에도 무척 유용합니다. 프리미어 프로에서 80% 이상의 자막을 디자인하고 삽입할 수 있습니다.

어도비 애프터 이펙트(Adobe After Effect)

애프터 이펙트는 전문적인 영상 제작 프로그램으로, 타이틀이나 인트로, 브리지 등을 만들 때 사용됩니다. 진입장벽이 상당히 높아서 영상에 대한 기본적인 지식이 없으면 능숙하게 다루기 어렵습니다. 디자이너 중에도 애프터 이펙트는 접근하기 쉽지 않다고 이야기하는 사람이 많습니다. 그만큼 어렵지만 익혀두면 남들과 차별화된 영상을 제작할 수 있습니다. 애프터 이펙트는 포토샵과 프리미어 프로를 먼저 익힌 다음에 차근차근 도전해도 괜찮습니다.

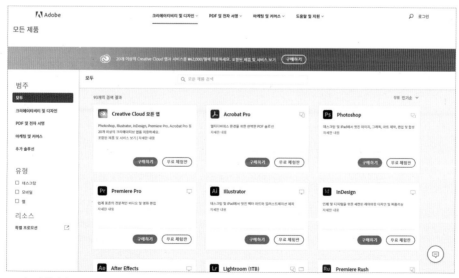

▲ 어도비 홈페이지의 모든 제품 소개

여기서 소개한 어도비 포토샵, 일러스트레이터, 프리미어 프로, 애프터 이펙트는 어도비 홈페이지의 모든 제품 소개(www.adobe.com/kr/products/catalog.html)에서 더 자세히 확인할 수 있습니다. 결제하기 전에 무료 체험판으로 프로그램을 사용해볼 수도 있습니다. 어도비 프로그램 설치 및 이용 방법에 관해서는 008쪽에서 자세히 설명하겠습니다.

나중에 여러분이 실제로 디자인 작업을 할 때는 꼭 여기서 소개한 프로그램을 사용할 필요는 없습니다. 이 책은 프로그램 활용 방법에 관한 단순 강의가 아니라 차별화된 디자인을 만드는 방법에 대한 전반적인 가이드를 제안합니다. 이 부분을 고려해 편하게 따라오면 됩니다.

CHAPTER 02

시청자 눈높이에 맞는 유튜브 채널 디자인

디자인은 예쁘고 멋진 것만을 추구하지 않습니다.
상대방을 이해시키거나 공감을 끌어내고, 편리함까지 주는 것이 디자인입니다.
디자인에는 소비자나 시청자와 같은 타깃이 있는데, 타깃과 소통하는 디자인이 좋은 디자인입니다.
이번 CHAPTER에서는 유튜브 시청자의 니즈를 파악하고 소통하는 디자인을
만드는 방법에 대해 알아보겠습니다.

STEP 01

내 채널에는
어떤 시청자가 찾아올까

타깃을 만족시키는 디자인

디자인하는 사람들은 아티스트와 디자이너로 분류할 수 있습니다. 이 분류에서 가장 중요한 점은 바로 디자인을 접하는 소비자, 즉 '타깃'입니다. 아티스트는 예술가이므로 특정 타깃을 두지 않고 본인이 만들고 싶은 작품을 만들지만, 디자이너의 디자인은 소비자 없이 결코 존재할 수 없습니다. 소비자 없이 디자인했다면 남들의 시선은 중요하지 않게 여긴, 본인의 만족만을 위한 디자인일 확률이 높습니다.

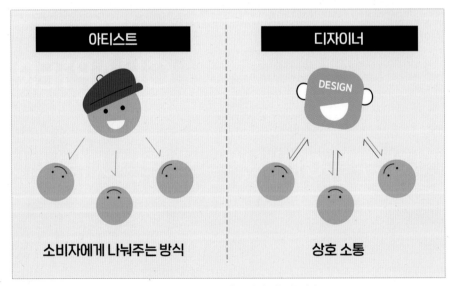

▲ 아티스트와 달리 디자이너는 대부분 명확한 타깃과의 소통을 통해 만족을 이끌어냄

타깃이 없다면 어떻게 디자인하든 상관없습니다. 하지만 궁극적인 목표가 영상 콘텐츠의 소비자, 즉 시청자를 모으고 내 채널과 콘텐츠를 널리 알리기 위함이라면 이야기는 달라집니다. 이때는 타깃이 될 시청자의 디자인 취향을 결코 무시할 수 없습니다. 시청자들이 내 영상을 소비해주지 않으면 목표를 달성할 수 없기 때문입니다.

존코바 채널의 타깃과 디자인 방향

많은 사람에게 디자인을 쉽게 알려주고자 〈JohnKOBA Design〉 채널을 개설했습니다. 채널의 방향은 디자인에 관한 시청자들의 궁금증을 해소하거나 새로운 정보를 전달하는 것입니다. 채널을 처음 만들고 전체적인 브랜딩과 디자인을 해나갈 때 가장 중요하게 여긴 부분이 '타깃'이었습니다. 타깃이 선호하는 스타일과 채널의 디자인 방향이 일치해야 콘텐츠가 주목받을 수 있고 클릭 및 시청으로 이어질 확률도 높기 때문입니다.

▲ 전문가가 아니라 가볍게 디자인을 배우려는 사람들을 타깃으로 콘텐츠와 디자인 방향을 잡은 〈JohnKOBA Design〉 채널

〈JohnKOBA Design〉 채널은 디자인 자체를 처음 접하거나 유튜브 채널을 운영하기 위해 이제 막 디자인을 배우기 시작한 20대 초반부터 30대 초반까지를 타깃으로 설정했습니다. 물론 모든 시청자를 만족시킬 수는 없지만, 최대한 취향을 반영하기 위해 이 연령대가 좋아하는 문화나 콘텐츠를 분석했습니다.

유튜브 디자인
채널별 디자인
채널 특징 분석
타이포 디자인
컬러 디자인
레이아웃 디자인
유튜브 브랜딩
디자인 트렌드

20대~30대가 선호하는 디자인을 찾아보고 연구한 결과 지금의 〈JohnKOBA Design〉 채널 디자인이 탄생했습니다. 실제로 〈JohnKOBA Design〉 채널 시청자의 주 연령층은 타깃으로 삼았던 20대~30대가 가장 많습니다.

▲ 〈JohnKOBA Design〉 채널 시청자의 주 연령층(2020년 12월 기준)

타깃이 명확해야 반응도 명확하다는 것을 알게 해준 사례가 있었습니다. 10대들이 좋아할 만한 스타일을 고려해 짤방(정보를 전달하는 웃긴 이미지)을 많이 삽입했고, 평소보다 빠른 호흡으로 편집했던 영상을 업로드했을 때였습니다. 이 영상은 10대들에게도 좋은 반응을 얻을 것이라 예상했지만 실제 댓글에는 의도와는 다른 부정적인 반응이 많았습니다.

▲ 10대도 타깃으로 삼고자 여러 짤방과 빠른 호흡의 편집으로 구성한 콘텐츠에 작성된 댓글

깔끔하고 심플한 디자인과 구성을 좋아하는 20대~30대 시청자가 대다수인 채널에서 시청자들은 갑자기 바뀐 스타일에 적응하지 못해 긍정적인 반응을 보여주지 않았습니다. 채널의 고유한 방향성과 타깃을 고려해 영상 콘텐츠를 구성해야 유튜버와 구독자 간에 선순환이 생깁니다. 이

경험을 발판 삼아 이후에는 기존 방식을 유지하며 현재까지도 20대~30대를 타깃으로 디자인하고 있습니다.

그렇다고 해서 10대나 40대 이상의 타깃을 아예 고려하지 않는 것은 아닙니다. 명확한 타깃 설정을 통해 채널이 어느 정도 궤도에 올랐다면 이후부터는 또 다른 타깃층을 향해 새로운 시청자의 눈높이에 맞는 디자인을 준비해도 됩니다. 이렇게 차근차근히 해나가야 훨씬 더 큰 성과를 거두게 될 것입니다.

유튜브 디자인

채널 브랜딩 디자인

채널 특징 분석

타이틀 디자인

썸네일 디자인

레이아웃 디자인

유튜브 브랜딩 활용

디자인 트렌드

STEP 02

카테고리별 채널 디자인 스타일

시청자 성향에 따른 디자인 스타일 파악하기

유튜브에서 하나의 콘텐츠로 모든 연령층을 시청하게 만들기란 쉽지 않습니다. 정확히는 쉽지 않은 것이 아니라 거의 불가능합니다. 시중에 있는 어떠한 디자인 제품으로도 모든 세대를 만족시키기는 어려운 것과 비슷한 맥락입니다. 유튜브도 마찬가지로 카테고리에 따른 시청자의 성향과 주 연령층이 선호하는 디자인 스타일을 파악하고 제작해야 합니다.

- **엔터테인먼트**
- **먹방**
- **키즈**
- **브이로그**
- **교육, 리뷰**

유튜브 콘텐츠는 크게 다섯 가지로 분류할 수 있습니다. 물론 이 외에도 세부적으로 나누면 더 다양하게 분류할 수 있지만, 이 정도만 알아두면 큰 범주 안에서 다양하게 응용할 수 있습니다. 엔터테인먼트 채널에는 게임, 개그, 예능 등이 모두 포함되고, 교육 채널은 단순히 강의만을 의미하는 것이 아니라 영어, 재테크, 인간관계 기술 등 전문성 있는 노하우도 포함됩니다. 기본적으로 지금부터 설명할 다섯 가지 분류를 토대로 응용한다면 어떠한 종류의 유튜브 채널도 디자인할 수 있을 것입니다.

▲ 카테고리에 따른 콘텐츠 범주와 주 시청자의 연령층

그럼 지금부터 각 카테고리에 어울리는 디자인 스타일을 하나씩 살펴보겠습니다.

유튜브 디자인

채널별 디자인

채널 특징 분석

타이틀 디자인

콜라 디자인

레이아웃 디자인

유튜브 브랜딩

디자인 트렌드

STEP

03

엔터테인먼트 채널의 디자인

주목성이 가장 중요한 엔터테인먼트 채널

엔터테인먼트 채널에는 게임, 개그, 예능 채널 등 다양한 범주의 채널이 포함됩니다. 엔터테인먼트 콘텐츠는 남녀노소를 가리지 않고 대부분 좋아하지만, 유튜브를 가장 많이 시청하는 연령층이 10대와 20대이므로 보통 이들을 주 타깃으로 삼습니다. 모든 연령층이 좋아하는 콘텐츠이므로 유튜브에 더 많은 시간을 할애하는 연령층을 공략하는 것입니다.

> 알아두면 쓸모 있는 ▶ **TIP** **연령대별 월평균 유튜브 이용 시간**
> 와이즈앱, 와이즈리테일의 〈유튜브 앱 세대별 1인당 평균 사용시간〉 조사 자료에 따르면 한 달 동안 유튜브를 이용하는 시간은 10대가 2,812분(46시간 52분), 20대가 2,491분(41시간 31분)으로 가장 깁니다. 이어서 50대 이상이 1,616분(26시간 56분), 30대가 1,630분(27시간 10분), 40대가 1,170분(19시간 30분)이라는 조사 결과를 보였습니다.

10대~20대가 주로 찾는 채널들의 디자인을 살펴보면 눈에 띄는 프로필 사진의 로고, 언밸런스하면서 화려한 느낌의 디자인을 확인할 수 있습니다.

▲ 10대~20대에게 많은 관심을 받는 엔터테인먼트 채널인 〈워크맨-Workman〉, 〈달라스튜디오〉, 〈dingo freestyle〉 채널

엔터테인먼트 채널의 콘텐츠는 빠르게 소비되는 스낵 컬처 콘텐츠의 성격을 띠며, 자극적인 콘텐츠에 관심이 집중되므로 세련되거나 정돈된 디자인보다는 주목성에 가장 많은 신경을 씁니다. 인터넷 용어로 어그로라고도 하는데, 관심을 끌기 위한 자극적인 소재를 만드는 것입니다. 즉, 클릭이라도 해보라는 식의 강렬한 디자인을 사용한다는 뜻이죠.

> 알아두면 쓸모 있는 ▶ **TIP 스낵 컬처**
> 스낵 컬처란 과자를 먹듯 5분~15분 내의 짧은 시간에 문화 콘텐츠를 소비한다는 뜻입니다.

또한 캐릭터를 활용한 디자인도 많이 사용합니다. 본인을 캐릭터화하면 일반 얼굴 사진보다 개성을 쉽게 표현할 수 있고, 시청자의 관심을 이끌어낼 수 있어 주목도를 높이는 데도 꽤 효과적입니다.

▲ 캐릭터를 활용해 프로필 사진을 만든 〈대도서관TV (buzzbean11)〉, 〈이과장〉 채널

엔터테인먼트 채널 디자인의 특징과 메인 컬러, 폰트

지금까지 이야기한 내용을 바탕으로 엔터테인먼트 채널에서는 어떤 톤 앤 매너를 추구하면 좋을지 살펴보겠습니다. 엔터테인먼트 채널의 메인 컬러와 폰트는 다음과 같이 정리할 수 있습니다. 레드, 옐로우, 핑크, 그린 컬러와 같이 눈에 잘 띄는 컬러를 주로 사용합니다. 폰트는 무난한 고딕 폰트를 추천하는데, 여기서 사용된 폰트는 '산돌 격동 고딕체(유료)'입니다. 이 폰트에 관해서는 099쪽에서 더 자세히 설명합니다.

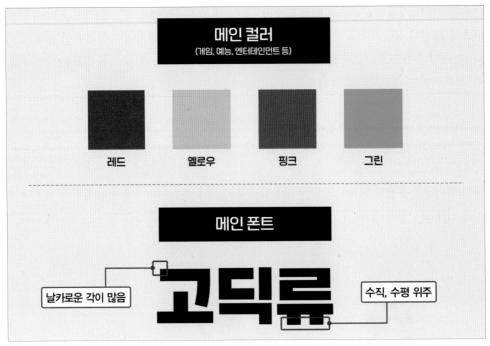

▲ 엔터테인먼트 채널의 메인 컬러와 폰트

01 강한 색감의 컬러를 이용해 디자인한다

먹방 채널도 그렇지만, 특히 게임이나 예능과 같은 엔터테인먼트 채널에서는 자극적이고 강한 색감의 컬러를 많이 사용합니다. 자극적이라고 해서 꼭 레드 컬러만을 의미하는 것은 아니고, 채도가 높고 강렬한 색감을 모두 지칭합니다. 유튜브에서 게임, 개그, 예능 등이 포함된 엔터테인먼트 채널들을 살펴보면 화려한 색을 사용한 브랜딩을 흔하게 찾아볼 수 있습니다. 다만 강렬한 색감의 컬러를 사용하다 보면 자칫 디자인이 지저분해지거나 과해질 수 있으니 적절히 조절해가며 디자인 가이드를 설정합니다.

▲ 강한 채도의 레드 컬러를 활용해 시선을 집중시키는 섬네일 예시

02 캐릭터를 이용해 브랜드 디자인을 한다

대표적으로 〈대도서관TV (buzzbean11)〉 채널은 프로필 사진 로고가 캐릭터로 디자인되어 있습니다. 시청자들은 언제 어디서나 이 캐릭터를 통해 〈대도서관TV (buzzbean11)〉 채널을 한눈에 알아볼 수 있습니다. 이처럼 유튜버 본인이 주가 되는 채널이라면 사진보다는 캐릭터로 디자인을 만들어 개성과 매력을 더 살릴 수 있습니다.

▲ 〈대도서관TV (buzzbean11)〉 채널과 같이 캐릭터로 디자인한 채널이 많음

03 자극적인 디자인의 섬네일로 시선을 집중시킨다

게임이나 예능 채널의 섬네일을 차분하고 정적인 느낌으로 디자인한다면 에너지 넘치는 엔터테인먼트 요소를 버리고 가는 것이나 다름없습니다. 이와 같은 이유로 많은 엔터테인먼트 채널이 꽤 자극적인 방향으로 섬네일 등을 디자인합니다. 10대와 20대가 주로 소비하는 만큼 젊고 트렌디하며 화려하게, 시선을 확 집중시키는 주목성에 중심을 두어 디자인하는 것이 가장 중요합니다.

04 통일성보다 각 섬네일의 주목성에 초점을 둔다

엔터테인먼트 채널 중에서도 특히 게임이나 개그 채널은 영상 업로드 주기가 짧은 편입니다. 일주일에 영상을 다섯 개 이상 업로드하는 채널들이 많아서 영상이 수백 개씩 금방 쌓이곤 합니다. 이러한 채널들은 섬네일에 통일성을 주어 디자인하기보다 그때그때 콘텐츠 내용에 맞게 디자인하는 편이 더 낫습니다. 시청자들이 채널에 들어와 영상을 찾아서 보는 것도 중요하지만, 영상을 자주 업로드하는 만큼 유튜브 메인 페이지에서 섬네일이 눈에 띄도록 차별성을 두는 것이 더욱 중요하기 때문입니다. 따라서 주목성에 초점을 두고 상황에 맞게 디자인을 변경해가는 편이 좋습니다.

유튜브 디자인

채널별 디자인

채널 특징 분석

타이포 디자인

컬러 디자인

레이아웃 디자인

유튜브 브랜딩

디자인 트렌드

▲ 통일성보다는 주목성에 중점을 두어 각 섬네일이 유튜브 메인이나 추천 동영상에서 눈에 더 잘 띄도록 디자인한 〈대도서관TV (buzzbean11)〉 채널

섬네일로 전체적인 브랜드 디자인을 하는 것도 중요하지만, 채널의 성향에 따라 완급을 조절하는 것도 디자인의 일부입니다.

05 인트로는 화려한 모션 그래픽을 활용해 제작한다

엔터테인먼트 채널의 인트로 영상은 대부분 화려하고 간단명료합니다. 영상 초반부에서도 강렬한 느낌을 전달하기 위해 짧고 화려한 인트로와 빠른 편집 스타일을 적용하기 때문입니다. 본인의 채널을 가장 잘 드러낼 수 있는 강렬한 디자인의 인트로를 꾸준히 노출하면 영상 초반부에서 시청자를 사로잡는 데 큰 역할을 할 것입니다.

STEP 04

먹방 채널의
디자인

유튜브 디자인

채널별 디자인

채널 특성 분석

타이포 디자인

컬러 디자인

레이아웃 디자인

유튜브 브랜딩

디자인 트렌드

음식이 강조되는 먹방 채널

먹방 채널은 타깃층이 굉장히 넓습니다. 특정 팬층을 보유한 유튜버라면 조금 다르겠지만, 보통 먹는 것에 관해서는 일반 시청자들의 관심도가 크고 보편적입니다. 이 분류에는 먹방(먹는 영상), 쿡방(요리하는 영상), ASMR(각종 소리를 통해 심리적인 효과를 주는 영상) 채널 등이 포함됩니다.

▲ 텍스트를 많이 삽입하기(왼쪽)보다 음식 이미지와 제목으로 시선이 가게 하는 편(오른쪽)이 나음

먹방 채널의 디자인은 차분한 느낌을 주는 경우도 있지만, 대체로는 엔터테인먼트 채널과 비슷하게 강렬한 느낌을 주는 경우가 더 많습니다. 엔터테인먼트 채널과 다른 점은 먹방 채널의 섬네일은 카피 텍스트보다 음식 사진 노출에 무게를 둔다는 점입니다. 글보다 먹음직스러워 보이는 사진을 우선적으로 노출시켜야 시청자의 시선을 사로잡고 클릭까지 하게 만들 수 있기 때문입니다. 따라서 먹방 채널에서는 음식이 먹음직스러워 보이게 보정하고 배치하는 것이 가장 중요한 요소입니다. 또한 섬네일에 음식 사진과 유튜버를 함께 배치해 유튜버도 꾸준히 노출시켜주는 것도 하나의 전략입니다.

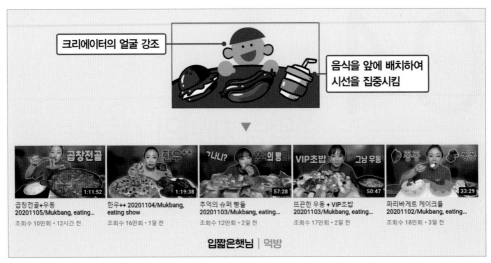

▲ 음식과 유튜버가 고루 시선을 사로잡는 〈입짧은햇님〉 채널은 먹방 섬네일 디자인의 정석(출처 : 입짧은햇님 Youtube Channel)

먹방 채널 디자인의 특징과 메인 컬러, 폰트

지금까지 이야기한 내용을 바탕으로 먹방 채널에서는 어떤 톤 앤 매너를 추구하면 좋을지 살펴보겠습니다. 먹방 채널의 메인 컬러와 폰트는 다음과 같이 정리할 수 있습니다. 먹방 채널 콘텐츠의 경우 블루와 그린 계열의 컬러는 식욕을 떨어뜨리므로 되도록 사용하지 않는 편이 좋습니다. 폰트는 엔터테인먼트 채널과 마찬가지로 무난한 고딕 폰트를 추천합니다.

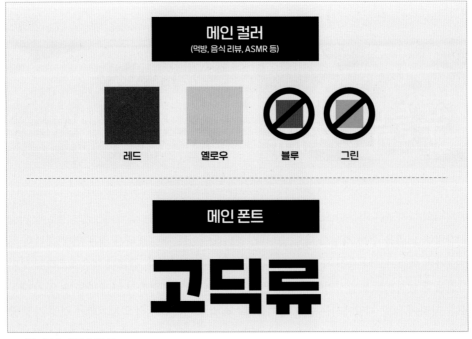

▲ 먹방 채널의 메인 컬러와 폰트

01 유튜버의 캐릭터성을 강조해 디자인한다

먹방 채널에서는 음식이 가장 중요하지만, 먹는 사람이나 만드는 사람도 자주 강조됩니다. 유튜버의 캐릭터성을 강조해 다른 먹방 채널과 차별화하려는 전략입니다. 따라서 배너 이미지나 섬네일 등에 유튜버의 얼굴을 디자인 요소로 사용하는 경우도 꽤 많습니다.

02 섬네일은 텍스트를 최소화해 만든다

섬네일에서는 화려한 텍스트나 강렬한 디자인을 활용하기보다는 음식이나 완성된 요리 사진의 노출을 극대화해 시청자의 눈길을 사로잡고 클릭을 유도합니다. 또한 먹방은 대체로 같은 장소에서 촬영되는 경우가 많은 만큼 섬네일의 레이아웃 자체가 하나의 포맷으로 정리되는 편입니다.

03 그래픽 요소도 최소화해 깔끔하게 디자인한다

먹방 영상은 전체의 호흡이 길고 장면 편집을 거의 하지 않은 경우가 많습니다. 또한 먹는 모습을 보여주는 것이 핵심이므로 그래픽 요소를 통해 너무 많은 정보를 주면 오히려 시청에 방해가됩니다. 그래픽 요소를 최소화해 재료나 맛에 관한 작은 팁 같은 요소 위주로 자막이나 이펙트를 삽입합니다.

 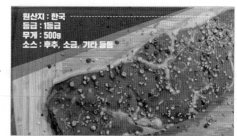

▲ 영상 중간에 삽입되는 장면이라면 과한 그래픽을 사용하기보다는 심플하고 명료하게 정리하는 편이 나음

물론 먹방도 자극적인 먹방, 차분한 먹방 등 콘셉트에 따라 디자인이 달라질 수 있습니다. 자신의 먹방 콘셉트를 고려해 디자인의 방향을 설정해야 합니다.

유튜브 디자인　채널별 디자인　채널 특징 분석　타이포 디자인　컬러 디자인　레이아웃 디자인　유튜브 브랜딩　디자인 트렌드

STEP 05

키즈 채널의 디자인

화려한 디자인 요소가 많이 사용되는 키즈 채널

키즈 채널을 운영하는 유튜버는 대부분 성인이지만 시청자는 아이들입니다. 이 부분을 인지하고 타깃을 명확하게 설정해 디자인해야 만족스러운 결과를 얻을 수 있습니다. 키즈 채널의 영상은 유튜브에서 가장 많은 디자인 요소를 사용한다고 해도 과언이 아닙니다. 자막을 비롯해 다양한 이펙트까지 수많은 디자인 요소가 삽입됩니다.

▲ 키즈 채널인 〈Maya and Mary〉 채널의 영상에 사용된 수많은 그래픽 이펙트

쉴 틈 없이 디자인 요소를 배치하고 이펙트의 컬러도 화려하게 설정해야 주 시청자인 아이들에게 시각적인 즐거움을 줄 수 있습니다. 특히 컬러는 정형화되어 있지 않은 편이라 최대한 다양하게 사용합니다. 또한 배경 음악이나 효과음을 통해 더욱 신나 보이는 분위기를 구성해갑니다. 키즈 채널 역시 채널의 방향이나 콘셉트에 따라 조금씩 다르기 때문에 그래픽을 최소화한 차분한 분위기도 종종 발견할 수 있지만, 대체로는 앞서 설명한 범위에서 크게 벗어나지 않습니다.

▲ 키즈 영상에는 시각적으로 화려해 보이는 그래픽 요소를 많이 넣는 편

키즈 채널 디자인의 특징과 메인 컬러, 폰트

지금까지 이야기한 내용을 바탕으로 키즈 채널에서는 어떤 톤 앤 매너를 추구하면 좋을지 살펴보겠습니다. 키즈 채널의 메인 컬러와 폰트는 다음과 같이 정리할 수 있습니다. 레드, 핑크, 블루 등 강렬한 원색 계열의 채도가 높은 컬러를 주로 사용하며, 귀여운 느낌이나 손글씨 느낌을 주는 폰트를 자주 사용합니다. 여기서 '귀여운'에 사용된 폰트는 '산돌 호요요체(유료)', '둥글'에 사용된 폰트는 '산돌 격동 굴림체(유료)'입니다.

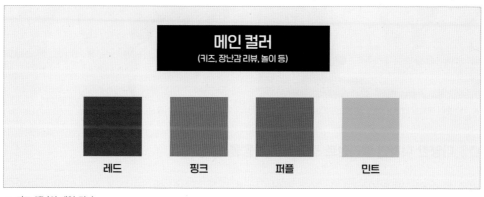

▲ 키즈 채널의 메인 컬러

유튜브 디자인

채널별 디자인

채널 특징 분석

타이포 디자인

컬러 디자인

레이아웃 디자인

유튜브 디자인 매뉴얼

디자인 트렌드

▲ 키즈 채널의 메인 폰트

01 아이들이 좋아하는 다채로운 컬러를 사용한다

전체적인 채널 디자인을 만들어가는 과정에서 컬러를 아끼지 말고 사용하면 좋습니다. 과해 보일 수도 있지만, 화려한 컬러의 장난감이나 놀이기구를 좋아하는 아이들 입장에서 바라보아야 합니다. 장난감 사진의 화려한 컬러 때문에 섬네일이 너무 정신없다면, 레이아웃이나 정렬을 깔끔하게 정리해 시각적으로 안정적인 상태로 만듭니다.

02 섬네일은 심플하고 단순하게 만든다

디자인 요소나 삽입되는 이미지, 영상에 등장하는 장난감 등이 이미 매우 화려하므로 섬네일은 오히려 심플하고 단순하게 디자인합니다. 키즈 채널의 영상은 장난감 리뷰나 아이들이 노는 모습이 주요 콘텐츠입니다. 이미 장난감이나 아이들 옷의 컬러가 상당히 화려한 편이죠. 섬네일까지 화려하게 텍스트나 디자인 요소를 많이 삽입하면 오히려 장난감으로 집중된 시선이 분산되므로 삽입하지 않는 것을 추천합니다. 장난감이나 핵심이 되는 대상이 가장 잘 보이도록 섬네일을 디자인합니다.

 ▶

▲ 아이들이 매료될 만한 사진이 있다면 섬네일을 만들 때 텍스트보다 이미지에 시선을 집중시키는 편이 나음

03 다양한 디자인 엘리먼트 소스와 효과음을 활용한다

키즈 채널에는 펑 터지는 효과, 눈이 떨어지는 효과 등 디자인 엘리먼트 소스가 많이 포함됩니다. 엘리먼트 소스란 포토샵이나 프리미어 프로 등에서 바로 사용할 수 있도록 만들어둔 디자인

템플릿을 말합니다. 엘리먼트 소스를 직접 만들기 어렵다면 유료로 구매하는 것을 추천합니다. 모션엘리먼츠(MotionElements), 비디오하이브(VideoHive)와 같은 웹사이트에서 원하는 소스를 찾을 수 있습니다. 엘리먼트 소스를 사용할 때는 효과음과 같이 사용하면 훨씬 더 큰 효과를 줄 수 있습니다.

(👀) 디자인 참견러 존코바의 핵심 코칭

엘리먼트 소스를 얻을 수 있는 유용한 웹사이트

엘리먼트 소스를 얻을 수 있는 유용한 웹사이트인 모션엘리먼츠(MotionElements)와 비디오하이브(VideoHive)를 소개하겠습니다. 먼저 모션엘리먼츠(www.motionelements.com/ko)는 디자인 소스 등을 유료로 판매하고 있으며, 영상 소스와 템플릿 등이 아주 다양합니다.

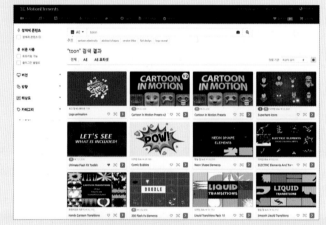

▲ 모션 엘리먼츠에서 'toon'으로 검색하면 나타나는 유료 그래픽 소스로, 키즈 채널 디자인에 활용하기 좋음

비디오하이브(videohive.net)도 포토샵 템플릿이나 영상, 디자인 소스 등 많은 자료를 보유하고 있으며, 유료로 이용할 수 있습니다.

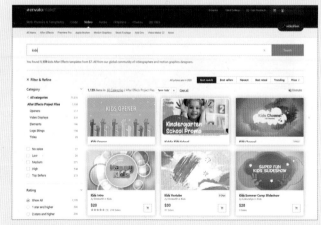

▲ 비디오하이브에서 'kids'로 검색하면 나타나는 유료 그래픽 소스로, 키즈 채널 디자인에 활용하기 좋음

채널 브랜딩 디자인!

채널별 디자인!

채널 특징 분석

타이포 디자인!

컬러 디자인!

레이아웃 디자인!

영상 편집 프로그램!

디자인 트렌드

STEP 06

브이로그 채널의
디자인

감성적인 느낌이 중요한 브이로그 채널

브이로그(V-log)는 'video blog'의 약자로, SNS에 영상으로 기록을 남기는 것을 뜻합니다. 브이로그 영상에 정보나 유용한 팁이 포함되어 있어 시청하는 경우도 있지만, 일반적으로는 특정 유튜버의 삶을 팬심으로 지켜보거나 큰 의미 없이 편하게 보는 경우가 많습니다. 따라서 브이로그는 다양한 시청자의 시선을 고려해 단순한 디자인으로 표현하는 것이 좋습니다.

▲ 디자인 요소를 최소화한 〈숏뚜sueddu〉 채널의 배너 이미지, 프로필 사진, 섬네일

〈숏뚜sueddu〉 채널이나 〈해그린달 haegreendal〉 채널 역시 배너 이미지의 디자인 요소를 최소화해 타이포 디자인으로 깔끔하게 표현했고, 프로필 사진이나 섬네일 또한 비슷한 분위기로 심플하게 표현했습니다. 이처럼 배너 이미지는 심플함을 극대화해 많은 정보를 전달하기보다 한 편의 그림을 보는 듯한 느낌으로 디자인합니다.

▲ 디자인 요소를 최소화해 심플하게 구성한 〈해그린달 haegreendal〉 채널의 배너 이미지

브이로그 채널의 영상은 호흡이 빠르지 않고 정적인 분위기가 많으며, 화려한 효과로 시청자들을 사로잡기보다 차분하고 잔잔한 흐름을 보입니다. 폰트는 부드러운 손글씨나 캘리그라피 등을 많이 활용해 감성적인 느낌을 한층 더합니다. 컬러는 전반적으로 모노톤의 단조로운 색조를 자주 사용합니다. 모노톤을 표현하기 위해 영상의 색감을 많이 보정하는 편이며, 이렇게 보정한 영상은 광고의 한 장면 같이 느껴지기도 합니다. 섬네일 또한 텍스트와 같은 디자인 요소를 활용하기보다 이미지 위주로 단조롭게 정리합니다.

▲ 모노톤으로 색을 보정한 이미지

브이로그 채널 디자인의 특징과 메인 컬러, 폰트

지금까지 이야기한 내용을 바탕으로 브이로그 채널에서는 어떤 톤 앤 매너를 추구하면 좋을지 살펴보겠습니다. 브이로그 채널의 메인 컬러와 폰트는 다음과 같이 정리할 수 있습니다. 메인 컬러는 화이트나 블랙 등 무채색 위주의 컬러이며, 채도가 있는 컬러를 사용한다면 모노톤으로 보정해 작업하는 경우가 많습니다. 여기서 '손글씨'에 사용된 폰트는 '산돌 공병각필체(유료)', '명조체'에 사용된 폰트는 '산돌 동백꽃체(유료)'입니다.

▲ 브이로그 채널의 메인 컬러와 폰트

01 최소한의 디자인 요소로 미니멀한 콘셉트를 유지한다

감성적인 브이로그는 최소한의 디자인 요소로 미니멀한 콘셉트를 유지하는 것이 좋습니다. 꼭 필요한 부분만 디자인으로 표현하고 나머지 디자인 요소는 최소화해 아주 심플하게 디자인합니다. 배너 이미지에도 화려하지 않은 컬러를 사용하고, 폰트에 그림자나 이펙트 등을 사용하지 않으며, 섬네일에서도 불필요한 디자인 요소는 최대한 덜어냅니다.

02 자막은 감성적인 느낌을 살려 디자인한다

일상을 담아내는 정적인 브이로그는 디자인이 튀어 보이면 오히려 흐름에 악영향을 주므로 컬러도 최소화하고 화이트와 블랙 위주로 디자인합니다. 특히 감성적으로 보일 수 있는 손글씨 폰트 등을 잘 활용해 디자인하면 좋습니다. 다양한 손글씨 폰트는 101쪽에서 자세히 소개하겠습니다.

#J.KOBA VLOG

집으로 돌아가는 길에 찍은 사람들

▲ 감성적인 브이로그에 어울리는 손글씨 폰트 '배달의 민족 연성체(무료)'를 활용한 심플한 자막 디자인

03 가끔은 색다른 자막을 사용해 차별화한다

앞서 설명한 것과 반대로 엔터테인먼트 요소가 강하고 활발한 느낌의 브이로그라면 오히려 게임이나 예능 채널처럼 화려한 디자인이 어울릴 수 있습니다. 이때는 색다른 자막을 사용해 차별화합니다. 이렇게 작은 차별점만 만들어도 채널 브랜딩에 유리하게 작용합니다.

유튜브 디자인

채널별 디자인

채널 특징 분석

타이프 디자인

컬러 디자인

레이아웃 디자인

유튜브 무료 레이아웃

디자인 트렌드

07

교육, 리뷰 채널의 디자인

깔끔하고 심플한 디자인의 교육, 리뷰 채널

교육 채널이라고 하면 지루하다는 생각이 먼저 들 수도 있는데, 사실 〈JohnKOBA Design〉 채널도 디자인을 교육하는 교육 채널입니다. 유튜브에는 영어, 영상 편집, 디자인, 재테크 등 수많은 교육 채널이 있습니다. 리뷰 채널도 정보를 전달한다는 맥락에서는 성격이 비슷합니다. 교육, 리뷰 채널은 엔터테인먼트나 먹방처럼 재밌거나 어떠한 욕구를 자극하는 것은 아니지만, 교육 및 정보 전달이라는 뚜렷한 목적이 있어서 디자인 요소의 역할이 꽤 중요합니다.

▲ 화이트, 블랙 컬러와 포인트 컬러만을 사용해 디자인한 리뷰 채널의 자막

교육, 리뷰 채널의 영상은 자막과 강조 등 포인트가 필요한 곳에만 디자인 요소가 사용됩니다. 주로 간단한 텍스트와 이를 뒷받침하는 이미지, 아이콘 등이 활용됩니다. 또한 대중적인 시청자 타깃에 맞춰 전반적으로 깔끔하고 심플한 디자인이 많으며, 엔터테인먼트와 브이로그 채널 중간 정도의 디자인 분위기라고 이야기할 수 있습니다.

리뷰 채널의 주 시청자층은 제품을 구매할 수 있는 경제력이 충분한 30대~40대입니다. 따라서 무난한 화이트나 블랙 컬러를 이용해서 심플하게 디자인하는 경우가 많습니다. 그에 비해 교육 채널은 워낙 폭이 넓긴 하지만, 일반적으로는 리뷰 채널과 마찬가지로 무난한 화이트나 블랙 컬러 위주로 튀어 보이지 않는 디자인을 추천합니다.

▲ 〈JohnKOBA Design〉 채널에서 사용한 인포그래픽 디자인으로, 영상 중간에 인포그래픽을 삽입해 설명했던 내용을 알아보기 쉽게 정리하고 요약함

교육 채널의 특징 중 하나는 설명이 필요한 특정 구간에 인포그래픽이 종종 사용된다는 점입니다. 인포그래픽은 글로 적힌 정보를 그림이나 일러스트 디자인으로 표현하는 방식을 말합니다. 잘 활용하면 콘텐츠 이해도를 높일 수 있습니다.

교육, 리뷰 채널 디자인의 특징과 메인 컬러, 폰트

지금까지 이야기한 내용을 바탕으로 교육, 리뷰 채널에서는 어떤 톤 앤 매너를 추구하면 좋을지 살펴보겠습니다. 교육, 리뷰 채널의 메인 컬러와 폰트는 다음과 같이 정리할 수 있습니다. 원색 계열의 포인트 컬러를 적극 활용해 화이트, 블랙 사이에서 강조 효과를 주는 것이 좋고, 폰트는 엔터테인먼트 채널이나 먹방 채널과 마찬가지로 무난한 고딕 폰트를 추천합니다.

유튜브 디자인

채널별 디자인

채널 특징 분석

타이틀 디자인

섬네일 디자인

레이아웃 디자인

유튜브 브랜딩

디자인 트렌드

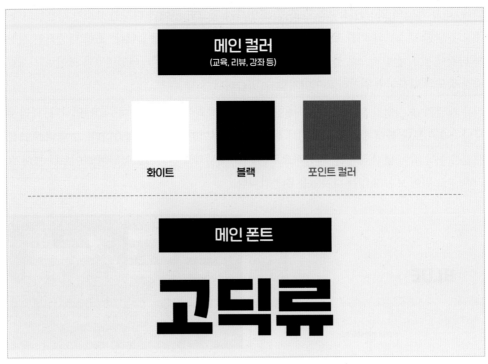

▲ 교육, 리뷰 채널의 메인 컬러와 폰트

01 과하지 않은 디자인을 추구한다

교육 채널의 영상은 시청자 연령대가 다양하고, 리뷰 채널의 영상은 제품이 중요하다 보니 디자인 자체가 너무 화려해 시선을 분산시킨다면 시각적으로 불편해집니다. 그러므로 화려한 컬러보다는 화이트, 블랙 컬러를 활용해 가급적 심플하게 디자인하는 편이 좋습니다. 콘텐츠에서 알려주는 정보에 최대한 집중할 수 있도록 디자인을 곁들이는 방향으로 구성합니다.

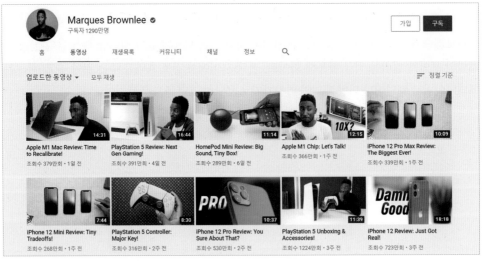

▲ 섬네일이 간결해 제품이나 정보로 시선을 끄는 〈Marques Brownlee〉 채널

02 게임, 영화 등의 리뷰 채널은 과감한 디자인도 고려한다

유튜버의 성향에 따라 다르겠지만 게임이나 영화 등 엔터테인먼트 요소의 리뷰라면 디자인을 과감하게 해도 괜찮습니다. 다른 카테고리도 마찬가지겠지만, 리뷰라는 중심만 잡고 콘텐츠에 맞춰 유연하게 디자인한다면 채널의 특징을 더욱 잘 살릴 수 있습니다.

▲ 정보 전달이 목적인 리뷰 채널이지만 게임이 주제이므로 화려한 디자인을 이용해 눈을 즐겁게 하는 〈김성회의 G식백과〉 채널

03 인포그래픽은 적극적으로 활용하면 좋다

인포그래픽은 이미지나 아이콘 등을 활용하는 방식으로 정보를 전달합니다. 교육 채널의 영상에는 설명한 내용을 요약하고 정리해 보여주는 인포그래픽 이미지를 삽입하고, 리뷰 채널의 영상에는 제품의 스펙 등을 한눈에 볼 수 있는 인포그래픽 이미지를 삽입합니다. 시청자들은 이러한 인포그래픽을 통해 정보를 한눈에 인지할 수 있을 뿐만 아니라 정리된 자료가 유용하기 때문에 구독까지 하게 될지도 모릅니다. 다만 인포그래픽은 작업 시간이 상당히 소요되므로 채널 디자인의 방향을 어느 정도 잡고 난 후에 추가로 곁들이는 편이 좋습니다.

▲ 영상 중간에 내용 이해를 돕는 인포그래픽 디자인 삽입

유튜브 디자인

채널별 디자인

채널 특징 분석

타이틀 디자인

컬러 디자인

레이아웃 디자인

유튜브 브랜딩

디자인 트렌드

지금까지 채널별 시청자의 특징에 따른 디자인 방향에 관해 설명했습니다. 하지만 이 내용은 빙산의 일각으로, 아주 작은 부분일 뿐입니다. 채널의 콘셉트와 방향을 세분화해 분류한다면 앞서 설명한 방식이 모든 채널에 적용될 수는 없습니다. 그래도 큰 틀 안에서 디자인 중심을 잡고 본인 채널만의 특성이나 캐릭터, 콘텐츠에 맞게 색이나 요소를 적용한다면 매력적인 채널 디자인이 아주 어렵지는 않을 것입니다.

CHAPTER 03

벤치마킹을 통한 유튜브 채널 디자인

이 세상에 존재하지 않는, 완전히 새로운 것을 창조하는 작업을 디자인이라 생각하곤 합니다.
하지만 기존의 디자인에서 조금 더 편하고 예쁘게 발전시키는 것도 디자인입니다.
이번 CHAPTER에서는 다양한 채널을 참고해 어떤 방식으로
디자인을 발전시킬 수 있는지 살펴보겠습니다.

STEP 01

비슷한 채널을 분석해 레퍼런스 만들기

왜 다른 채널도 살펴봐야 할까

디자인 실무를 할 때 가장 많이 했던 작업을 하나 꼽으라면 바로 리서치입니다. 리서치는 레퍼런스를 찾는 작업을 의미합니다. 앞서 설명했듯이 디자인은 소비자가 없다면 필요성이 줄어들 수밖에 없습니다. 소비되어야 또 다른 디자인을 만들 수 있는 구조인 것이죠. 따라서 많은 소비자에게 어느 정도 검증된 디자인을 레퍼런스로 삼아서 디자인해나간다면 소비될 확률이 높은 디자인을 만들 수 있습니다.

> 알아두면 쓸모 있는 ▶ TIP 레퍼런스
> 레퍼런스란 창작물을 만들 때 참고할 수 있는 정보를 포괄적으로 이르는 말입니다. 문서나 디자인 등 다양한 창작물이 모두 레퍼런스에 해당됩니다.

◀ 세상에 없던 새로움을 찾기보다 익숙함에 추가 요소를 더하는 편이 시청자들에게 어필하기 좋음

여러분이 만들고 싶은 콘셉트의 채널과 비슷한 채널이 이미 유튜브나 다른 SNS에 많을 것입니다. 먼저 그 채널들을 레퍼런스로 삼아 분석한 뒤 여러분만의 특색을 더해 디자인을 구성해나가는 것이 첫 번째 단계입니다.

채널 분석 및 레퍼런스 정리 과정

채널 분석 및 레퍼런스 정리 과정을 살펴보겠습니다. 예를 들어 고양이 콘텐츠를 다루는 채널을 만든다면 다음과 같은 순서로 레퍼런스를 정리할 수 있습니다.

❶ 유튜브에서 콘셉트가 비슷한 고양이 채널 검색
❷ 채널의 전체적인 디자인 방향 분석
❸ 콘셉트가 비슷한 또 다른 고양이 채널 검색
❹ 기존에 검색했던 채널과의 차이점 등 디자인 방향 분석
❺ 위와 같은 방식으로 추가 검색해 최소 세 개 이상의 레퍼런스 채널 정리

▲ 채널 분석 및 레퍼런스 정리 과정(〈그루밍데이 고양이cat vlog〉, 〈KiSH-Log 키쉬의 브이로그〉, 〈크림히어로즈〉 채널 검색)

여유로운 디자인

채널별 디자인

채널 특징 분석

타이포 디자인

컬러 디자인

레이아웃 디자인

유튜브 디자인 영역

디자인 트렌드

예시와 같이 레퍼런스 채널을 모아 각각의 디자인 방향과 그에 따른 구독자수와 조회수, 댓글수 등은 어떤지 파악하며 정리합니다. 이렇게 다른 채널을 분석하기만 해도 시야가 넓어져 조금씩 디자인 인사이트를 얻을 수 있습니다. 이 과정을 거치고 나면 시청자가 좋아하는 디자인과 좋아하지 않는 디자인을 구분하며 작업할 수 있습니다.

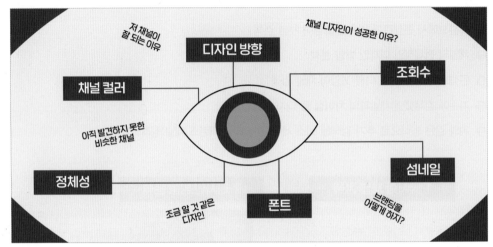

▲ 많은 레퍼런스 채널을 분석하다 보면 그 분야에 대한 인사이트가 생김

분석한 여러 고양이 채널을 다음과 같이 간략하게 정리해볼 수 있습니다. 여기서는 구독자수, 디자인 포인트, 장단점 등을 간단하게만 정리해보았습니다.

그루밍데이 고양이cat vlog
구독자 34만명

구독자수	34만 명(2020년 기준)
디자인 포인트	모노톤으로 색보정한 느낌
장점	포인트 컬러 활용이 좋음
단점	없음

KiSH-Log 키쉬의 브이로그
구독자 32만명

구독자수	32만 명(2020년 기준)
디자인 포인트	감각적인 색감
장점	간결하고 세련된 자막
단점	없음

▲ 한눈에 파악하기 쉽도록 정리해둔 레퍼런스(〈그루밍데이 고양이cat vlog〉, 〈KiSH-Log 키쉬의 브이로그〉 채널 분석)

여기에 이미지까지 추가해두면 개선점을 찾는 데 더욱 도움이 됩니다. 또한 디자인에 관한 내용 외에도 채널 자체의 특성에 관한 정보를 기록하는 것도 좋습니다. 디자인만 예쁘게 한다고 제품이 잘 팔리는 것이 아니라 제품의 성능이 중요하듯, 유튜브 채널도 디자인뿐 아니라 콘텐츠의 퀄리티도 중요하기 때문입니다. 이 점에 유의해 자신만의 레퍼런스 형식을 만들어보길 바랍니다.

유튜브 디자인

채널별 디자인

채널 특성 분석

타이포 디자인

컬러 디자인

레이아웃 디자인

유튜브 트렌드

디자인 트렌드

STEP 02

유튜브 채널 디자인의 실패 요인 분석하기

단점 개선을 통한 채널 디자인 업그레이드

구독자수나 조회수가 낮다면 그 이유가 무엇인지 디자인적인 관점으로 접근하는 것도 중요합니다. 좋은 디자인을 만들기가 어렵다면 레퍼런스 채널을 분석할 때 장점보다는 단점에 초점을 두고, 단점을 개선해나가는 방향으로 디자인합니다. 단점을 개선하며 채널 디자인을 만들어나간다면 적어도 나쁜 디자인은 피할 수 있습니다.

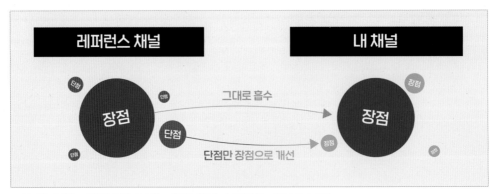

▲ 분석한 레퍼런스 채널의 장점은 흡수하고 단점은 개선해 디자인을 업그레이드할 수 있음

많은 유튜브 채널을 보고 분석하면서 정리한 디자인 실패 요인을 소개해보겠습니다. 여기서 이야기하는 단점만 피해도 한층 더 나은 디자인을 만들 수 있습니다.

01 정보가 너무 많아 과해 보이는 섬네일은 피한다

유튜브에서 시청자가 여러분의 채널 디자인을 가장 먼저 만나는 부분은 섬네일입니다. 시청자가 여러분의 채널을 검색해서 들어오는 경우는 거의 없습니다. 새로 만든 콘텐츠가 불특정 다수에게 노출되면 거기에 이끌려 영상을 시청하고, 영상이 좋았다면 채널을 구독하게 되는 경우가 일반적입니다. 그만큼 섬네일의 역할이 아주 중요하므로 섬네일은 누가 봐도 복잡하지 않고 명확해야 합니다. 섬네일에 많은 정보를 담으려고 긴 텍스트와 여러 개의 이미지를 복합적으로 삽입하기도 하는데, 이는 절대 피해야 합니다.

▲ 왼쪽은 텍스트가 너무 많아 정보가 분산되고, 오른쪽은 화려한 컬러와 이미지 때문에 시선이 분산되어 둘 다 좋은 섬네일이라고 할 수 없음

02 목적과 정체성이 불분명한 채널 디자인은 피한다

불특정 다수에게 노출된 특정 영상에 이끌려 시청자가 여러분의 채널까지 들어왔다고 가정해 봅시다. 시청자는 채널에 업로드된 다른 영상들도 살펴봅니다. 그런데 채널의 방향성이 불명확해 브이로그, 리뷰, 게임 등 중구난방인 콘텐츠가 가득하다면 채널을 구독할 확률은 현저히 줄어듭니다. 식당도 여러 가지 음식을 파는 곳보다는 한 가지 음식에 집중한 곳이 맛집일 확률이 높습니다. 채널 디자인도 마찬가지입니다. 채널의 방향이 다양해지면 그만큼 디자인도 다양해지고, 결국 시청자의 주의가 분산되어 시선을 사로잡지 못합니다. 하나의 일관된 방향으로 콘텐츠를 제작하며 디자인 또한 일관된 방향으로 잡아가야 시청자가 채널의 목적과 정체성을 분명히 알 수 있습니다.

03 전문성이 느껴지지 않는 로고는 피한다

실제로 어떤 채널에 '형, 내용 좋고 영상 퀄리티도 너무 좋은데 로고가 무슨 쌈마이(저렴한) 채널 같아서 구독하려다 취소할 것 같아'라는 댓글이 달렸던 적이 있습니다. 이 댓글의 좋아요 개수는 무려 500개가 넘었습니다. 대형 유튜버나 기업 유튜브를 보면 프로필 사진의 로고가 하나같이 깔끔하고 명확해 작은 크기로도 어떠한 채널인지 확실하게 느껴집니다. 아무래도 디자이너가 전문적으로 작업하는 경우가 많아 상대적으로 퀄리티가 높은 것입니다. 이 정도까지는 어렵더라도 로고는 채널을 인지할 때 중요한 역할을 하니 채널의 목적을 명확하게 담아 깔끔하게 만들어야 합니다.

유튜브 디자인

채널별 디자인

채널 특징 분석

타이틀 디자인

컬러 디자인

레이아웃 디자인

유튜브 브랜딩

디자인 트렌드

▲ 왼쪽은 정리가 덜 된 과한 느낌이고 오른쪽으로 갈수록 정리된 디자인으로, 로고는 화려하기보다는 명확하게 디자인해야 함

04 의미 없는 인포그래픽이나 짤방을 삽입하지 않는다

'유튜브는 재밌어야 한다. 지루하지 않게 자꾸 시각에 펀치를 날려야 한다'고 생각하는 채널이 많습니다. 틀린 말은 아니지만 채널마다 방향성이 다르므로 목적에 맞지 않은 인포그래픽이나 짤방을 과하게 삽입하면 오히려 집중을 방해합니다. 〈JohnKOBA Design〉 채널에도 '짤방 때문에 정신없다'라는 내용의 댓글이 달렸던 적이 있습니다. 무조건 재미만을 위하기보다는 콘텐츠의 본질을 흐리지 않도록 덜어내는 디자인을 유지하는 것도 중요합니다.

▲ 아래쪽은 화려하고 재미 요소가 있지만, 위쪽이 심플하고 미니멀하게 디자인되어 정보가 잘 전달되고 주목도가 높아 클래스의 목적을 알리는 의도에 적합함

디자인은 무언가를 자꾸 추가해서 만들어가는 것이 아닙니다. 최대한 덜어내고 나서 가장 아름다운 상태가 잘된 디자인입니다. 요소를 추가하기보다는 '어떻게 덜어내서 최대한 심플하게 디자인할까'라는 고민으로 접근한다면 실패 확률을 줄일 수 있습니다.

STEP 03

다양한 디자인 요소를 활용해 차별화하기

유튜브 디자인

채널별 디자인

채널 특징 분석

타이포 디자인

컬러 디자인

레이아웃 디자인

유튜브 브랜딩

디자인 트렌드

차별화 전략은 어떻게 세울 수 있을까

다양한 채널의 분석을 마치고 문제점을 파악했다면 이를 바탕으로 차별화 전략을 고민할 차례입니다. 차별화 전략은 채널의 아이덴티티를 형성하는 데 큰 역할을 합니다. 명확한 디자인 아이덴티티를 형성해야 시청자의 시선을 사로잡는 매력을 갖출 수 있고, 더 나아가 브랜딩 디자인까지 확립할 수 있습니다.

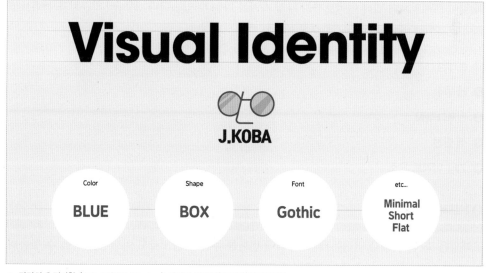

▲ 간단하게 정리한 〈JohnKOBA Design〉 채널의 디자인(비주얼) 아이덴티티

사실 디자인에서 완벽하게 다른 차별성이란 불가능에 가까우니 기존에 있던 디자인에서 약간의 차별성을 더한다는 개념으로 접근하면 쉽습니다. 기존에 있던 불필요한 부분 일부를 제거하고 차별성을 더할 수 있는 디자인을 추가하는 것이죠. 기존의 채널들과 아예 다른 시도를 하는 것이 아니라 여러 채널의 디자인을 받아들인 상태에서 아주 약간의 변화를 주는 방향으로 진행합니다.

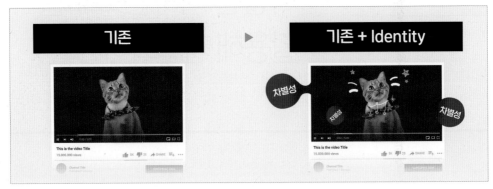

▲ 완전히 새로울 필요 없이 기존 스타일에 약간의 차별성만 추가해도 아이덴티티를 만들 수 있음

디자인을 약간만 바꿔도 디자인 아이덴티티를 형성할 수 있고, 시청자는 이러한 작은 변화도 신선하게 느낍니다. 이어서 이러한 방식을 활용하려면 어떻게 해야 하는지 알아보겠습니다.

명확한 아이덴티티를 만드는 디자인 요소들

차별성을 만들어 명확한 아이덴티티를 만드는 디자인 요소들을 소개하겠습니다. 요소는 다음과 같이 프레임부터 기타 이펙트까지 다섯 가지로 나눌 수 있습니다. 하나씩 차근차근 살펴보고 채널 디자인에 반영할 수 있는 부분이 있는지 고민해봅니다.

❶ 프레임
❷ 캐릭터
❸ 인포그래픽
❹ 색 반전
❺ 기타 이펙트 요소

01 프레임

프레임은 '화면 구성'을 말하는데, 프레임에 변화를 주는 것만으로도 차별성을 만들 수 있습니다. 화면 크기는 고정되어 있으나 테두리 등을 추가해 보이는 영역을 달리하는 식으로 디자인합니다. 이 정도의 변화만 줘도 색다른 느낌을 만들 수 있습니다. 여러분이 보고 있는 이 책의 한 페이지도 하나의 프레임이라고 할 수 있겠습니다. 책은 상단이나 좌우 여백 등을 조정해 보이는 영역에 변화를 줄 수 있죠.

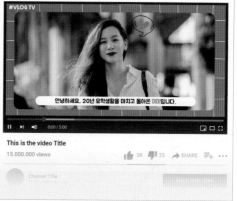

▲ 모서리가 둥근 테두리를 활용해 프레임을 변경하면 개성 있는 디자인을 만들 수 있음

02 캐릭터

카테고리별 채널 디자인을 분석할 때도 여러 번 언급했지만, 캐릭터를 사용하면 차별성이 생겨 나만의 고유한 아이덴티티를 만들 수 있습니다. 게다가 내 얼굴이나 패션, 스타일 등을 그대로 노출하지 않아도 된다는 장점이 있습니다. 새로운 콘셉트나 방향에 맞춰 캐릭터를 만들어나갈 수 있죠.

▲ 사진을 바탕으로 캐릭터화한 디자인으로 새로운 느낌을 줄 수 있음

유튜브 디자인

채널별 디자인

채널 특징 분석

타이포 디자인

컬러 디자인

레이아웃 디자인

유튜브 브랜딩

디자인 트렌드

'비평'을 하는 콘셉트로 콘텐츠를 만든다면 선비처럼 갓을 쓴 캐릭터나 근엄한 이미지의 캐릭터가 잘 어울릴 것입니다. 편한 친구 같은 느낌을 주고 싶다면 큰 눈에 귀여운 이미지로 친근함을 표현하는 캐릭터가 어울립니다. 이러한 확실한 콘셉트의 캐릭터로 차별성을 만듭니다.

▲ 〈이태원 클라쓰〉 드라마에 나온 인물을 캐릭터화한 작업. 캐릭터를 사용해 차별성 있는 디자인을 만들 수 있음

알아두면 쓸모 있는 ▶ **TIP 크몽 활용하기**
가능하다면 캐릭터를 직접 그리거나 만들면 좋지만, 그림이나 디자인을 배우지 않았다면 전문가에게 의뢰하는 편이 나을 수 있습니다. 디자인 작업이 필요한 사람과 디자이너를 연결해주는 '크몽(kmong.com)'이라는 웹사이트가 있으니 참고해두세요.

03 인포그래픽

인포그래픽을 영상 중간중간에 삽입해 환기하는 역할로 활용하면 하나의 영상 안에서 챕터가 명확히 나뉘어 정돈된 느낌을 줍니다. 또한 이렇게 중간에 가끔씩 삽입되는 디자인 요소는 시청자들에게 강렬한 인상을 줄 수 있어서 아이덴티티를 만들어가는 데 아주 큰 도움이 됩니다.

▲ 영상 중간에 내용을 정리해주는 인포그래픽을 삽입하면 지루함을 줄이고 차별성을 만들 수 있음(《JohnKOBA Design》 채널의 '복고풍 디자인을 트렌디하게, 뉴트로 디자인 로고 만들기' 콘텐츠 참고)

04 색 반전

디자인을 만들어가는 과정에서 더 이상 새로 만들거나 응용할 부분이 없을 때 유용한 방법이 색 반전입니다. 색 반전을 활용하면 아주 쉽게 디자인에 변화를 줄 수 있습니다. 이를테면 영상이나 섬네일에 화이트나 블랙으로 타이포 디자인을 하는 경우가 많은데, 이때 타이포 컬러와 배경 컬러를 서로 바꿔 다양한 느낌을 연출합니다. 이와 같은 방식으로 기존에 사용했던 색을 서로 바꿔 색다른 느낌을 줍니다.

▲ 같은 형식의 섬네일 디자인이지만 색만 반전해도(밝은색은 어둡게, 어두운색은 밝게) 다른 느낌의 디자인이 됨

05 기타 이펙트 요소

디자인을 하다 보면 결과물이 서로 비슷하거나 겹치는 경우가 꽤 많습니다. 어떤 채널이나 콘셉트든 결국 많은 데이터가 쌓여 축적되면서 그 데이터를 기반으로 한 가장 효율적인 디자인 방식이 정해졌기 때문입니다. 이와 같은 이유로 유튜브 콘텐츠 안에 삽입되는 그래픽 요소나 디자인은 비슷한 형식과 구성이 많습니다. 특히 자막은 대체로 비슷비슷하죠. 이때 차별성을 만들어주는 것이 바로 이펙트 요소입니다. 이펙트 요소란 타이포나 디자인 위에 얹은 작은 디자인 조각을 말합니다. 이펙트 요소를 어떻게 활용하느냐에 따라 중요한 부분을 강조하거나 차별성 있는 아이덴티티를 만들어갈 수 있습니다.

유튜브 디자인

채널 브랜드 디자인

채널 특징 분석

타이포 디자인

컬러 디자인

레이아웃 디자인

유튜브 브랜딩

디자인 트렌드

주요 이펙트 요소의 종류 알아보기

이펙트 요소로는 두들, 카툰, 픽셀 등이 있습니다. 먼저 두들(Doodle)은 연필로 그린 듯한 느낌의 디자인을 말합니다. 자막이나 섬네일 등 강조할 부분에 두들 이펙트 요소를 활용하면 귀엽고 친근한 느낌을 줄 수 있습니다.

▲ 손으로 그린 듯한 느낌을 표현할 수 있는 두들

카툰(Cartoon)은 만화적인 요소의 디자인을 말합니다. 만화책에 나오던 말풍선이나 하프톤(작은 점들로 만들어진 회색의 디자인) 같은 느낌의 이펙트 요소가 여기 해당하며, 게임과 같은 엔터테인먼트 콘텐츠에 활용하면 좋습니다. 픽셀(Pixel)은 오래된 8비트 게임에서 많이 사용하던 느낌의 디자인입니다. 각진 픽셀 방식의 디자인을 활용하면 레트로하고 친근한 느낌을 주며, 호불호가 갈릴 수는 있지만 차별성을 만들기에 좋은 요소입니다.

▲ 개성 있는 디자인을 만들기 좋은 카툰 형식의 이펙트(왼쪽)와 픽셀 형식의 이펙트(오른쪽)

지금까지 설명한 방식 말고도 차별성을 만드는 방법은 무궁무진합니다. 여기서 이야기한 작은 부분들부터 조금씩 디자인을 개선해나간다면 여러분의 채널에도 시청자의 첫 시선을 사로잡는 차별성이 생길 것입니다.

STEP

04

빠르게 변하는
디자인 트렌드 반영하기

유튜브 디자인

채널별 디자인

채널 특징 분석

타이틀 디자인

컬러 디자인

레이아웃 디자인

유튜브 채널 브랜딩

디자인 트렌드

왜 디자인 트렌드를 파악하고 있어야 할까

요즘에는 유튜브나 SNS 등 다양한 플랫폼에 스낵 컬처 콘텐츠가 많습니다. 스낵 컬처란 금방 먹고 버리는 과자처럼 콘텐츠도 빠르게 소비되고 버려진다는 뜻에서 생긴 말이죠. 디자인도 마찬가지입니다. 콘텐츠가 빠르게 소비되는 만큼 콘텐츠에 사용된 디자인도 빠르게 소비되어 디자인 트렌드가 상당히 빠르게 변화합니다. 디자인이 빠르게 소비되는 시대에 맞춰 계속 트렌드를 잘 살펴야 하고, 이에 따라 디자인도 지속적으로 발전시켜야 뒤처지지 않습니다.

▲ 색상 전문 연구·개발 기업인 팬톤(PANTONE)에서 매년 선보이는 '올해의 컬러'

그렇다면 디자인 트렌드는 어떻게 알 수 있을까요? 현재 시점에 가장 많이 노출되는 콘텐츠들을 살펴보면 정답을 찾을 수 있습니다. 저는 보통 TV 광고나 SNS 광고에서 디자인 영감을 많이 얻습니다. 광고는 현재 시점의 소비자나 시청자를 사로잡기 위해 막대한 예산을 들인 콘텐츠로, 시대 트렌드를 반영하는 디자인이나 내용으로 구성되어 있습니다. 유튜브 디자인도 마찬가지로 예산이 투입된 콘텐츠나 채널을 살펴본다면 디자인 트렌드를 파악하는 데 많은 도움이 됩니다.

많은 인기를 얻었던 〈워크맨-Workman〉 채널의 영향으로 심플한 내용의 콘텐츠와 과한 이펙트를 사용하지 않는 디자인이 트렌드가 되었습니다. 〈워크맨-Workman〉 채널은 예산 투자를 받아서 전문가인 PD와 디자이너, 편집자가 만든 콘텐츠입니다. 영상이 업로드될 때마다 인기 동영상에 노출됐고, 그만큼 시청자가 많아 시대를 선도하는 채널이 되었습니다. 이 채널에서 활용한 디자인 방식이나 편집 방식이 인기를 얻고 트렌드를 이끌어가면서 비슷한 방식으로 제작된 엔터테인먼트 채널도 많이 생겨났습니다.

이처럼 상위에 노출되는 인기 있는 채널들을 살펴보면 디자인 트렌드가 어떻게 흘러가는지 대략 파악할 수 있습니다. 이어서 2021년 기준 가장 트렌디한 디자인을 살펴보고 앞으로 디자인 트렌드가 어떻게 흘러갈지 방향도 함께 알아보겠습니다.

▲ 유튜브에서 [탐색] 메뉴를 클릭하고 [인기] 버튼을 클릭하면 인기 있는 동영상들을 확인할 수 있음

가장 트렌디한 디자인과 앞으로의 방향

디자인 트렌드는 다음 네 가지로 정리해볼 수 있습니다. 특징을 살펴보고 채널 디자인에 반영할 수 있는 부분이 있는지 확인해봅니다.

❶ 심플, 미니멀
❷ 뉴트로
❸ 블랙, 화이트
❹ 그레이디언트

01 심플, 미니멀

최소한의 디자인으로 시각 정보를 전달하는 것을 심플하다거나 미니멀하다고 합니다. 2000년대 초반에는 무조건 많은 요소를 넣고 화려한 컬러와 폰트를 활용하는 것이 트렌드였습니다. 현재는 심플하고 미니멀한 디자인이 트렌드로 자리 잡았습니다. 많은 정보를 전달해야 할 때 시각적인 불편함을 덜어내기 위해 최소한으로 디자인해왔기 때문입니다. 너무 화려한 컬러는 지양하고, 작은 글자와 과하지 않은 이펙트를 활용하는 방식 등으로 디자인 미니멀리즘을 적용하고 있습니다. 유튜브처럼 빠른 호흡으로 진행되는 콘텐츠는 과한 디자인보다는 트렌드에 맞춰 간결하고 명료하게 디자인하면 시청자의 시선을 끌기에 훨씬 수월합니다.

▲ 무난한 고딕류의 폰트를 사용하고 디자인 요소를 최대한 덜어낸 심플한 디자인

02 뉴트로

뉴트로는 새로움(new)과 복고(retro)를 합친 단어로, 오래된 디자인 스타일을 현대에 맞춰 세련되게 만든 것을 말합니다. 복고풍이 새롭게 유행하는 현상이라 할 수 있습니다. 과거의 것을 그대로 옮겨오는 것이 아니라 현대에 맞게 해석하여 재창조된 상태이죠. 뉴트로 스타일은 굴림체나 궁서체 등의 기본 서체를 사용하고, 촌스러운 느낌의 과거 디자인에 현대의 세련미를 약간 더해 새롭게 디자인합니다.

물론 기본 서체 외에도 아예 뉴트로 스타일로 디자인된 폰트도 있습니다. 아래 '산돌 개화체(유료)'가 뉴트로 스타일 폰트에 해당합니다.

▲ 레트로한 폰트와 재질 및 모양 디자인을 통해 과거의 디자인을 표현하고, 여기에 세련미를 더하는 방식으로 재구성해 차별화함

뉴트로 디자인은 어떠한 콘텐츠에도 잘 어울려 광고에도 많이 사용됩니다. 또한 시대에 따라 뉴트로 디자인 또한 꾸준하게 발전하고 있으니 뉴트로 트렌드도 함께 살펴보면 좋습니다.

03 블랙, 화이트

심플하고 미니멀하게 디자인하는 트렌드에 따라 화려한 컬러를 여러 개 사용하기보다 블랙이나 화이트와 같은 최소한의 컬러만 사용해 디자인할 수도 있습니다. 내용도 디자인도 각양각색인 유튜브 콘텐츠의 홍수 속에서 블랙과 화이트 컬러만을 사용하면, 간결하고 명료한 디자인으로 시청자들의 시선을 사로잡을 수 있습니다. 블랙과 화이트의 컬러 조합은 유행을 타지 않으면서도 항상 깔끔한 디자인을 보여줍니다.

04 그레이디언트

블랙, 화이트에서 조금 더 트렌디한 느낌을 표현하려면 그레이디언트를 사용하면 됩니다. 그레이디언트는 두 가지 이상의 컬러를 섞어서 만듭니다. 그레이디언트는 어떤 컬러를 사용하느냐에 따라 느낌이 매우 달라지므로 컬러를 잘 선택해야 합니다.

▲ 최소한의 컬러인 블랙과 화이트만을 활용해 디자인하면 세련된 느낌을 극대화할 수 있음

▲ 올해의 팬톤 컬러와 그레이디언트를 함께 활용한 트렌디한 디자인

지금 이 시간에도 디자인 트렌드는 빠르게 변화하고 있습니다. 항상 시청자들이 어떤 영상을 좋아하는지 분석하면서 그 영상의 디자인 스타일, 폰트 등을 파악해둡니다. 그리고 분석한 데이터를 내 채널에 적용한다면 트렌디하고 주목받는 채널 디자인을 만들 수 있을 것입니다.

유튜브 디자인

채널별 디자인

채널 특징 분석

타이포 디자인

컬러 디자인

레이아웃 디자인

유튜브 브랜딩

디자인 트렌드

PART 02

포토샵을 활용한
실전 유튜브 채널 디자인

CHAPTER 01

가장 손쉽게 완성도를 높이는 타이포 디자인

디자인은 타이포, 이미지, 일러스트 등 여러 가지 요소로 구성되는데, 타이포를 활용하면
디자인 완성도를 쉽게 높일 수 있고 전달하려는 메시지도 명확하게 표현할 수 있습니다.
이번 CHAPTER에서는 타이포 디자인이 무엇인지 알아보고
직접 포토샵을 활용해 배너 이미지와 섬네일을 만들어보겠습니다.

STEP 01

타이포 디자인이란

⎯⎯⎯⎯⎯⎯⎯⎯⎯⎯⎯⎯⎯⎯⎯⎯○

메시지를 설득력 있게 전달하는 타이포 디자인

타이포 디자인이란 글자의 배치나 구성을 의미하는 타이포그래피(typography)와 디자인 (design)의 합성어로, 쉽게 말해 글자를 활용한 디자인입니다. 타이포 디자인의 궁극적인 목적 은 메시지를 설득력 있게 전달하는 것입니다. 따라서 가독성을 높이고 의미를 명확하게 전달하 는 데 초점을 맞춥니다.

TYPOGRAPHY + DESIGN

▲ 글자를 이용해 미적 가치를 만드는 타이포 디자인

타이포 디자인은 글자가 시각적으로 아름답게 보이는 것도 중요하지만, 눈에 띄게 배치해 주목 도를 올리는 것도 중요합니다. 타이포 디자인에서 가장 쉽게 활용할 수 있는 방법이 폰트를 변 경하는 것입니다. 다양한 폰트를 활용해 각각의 글자에 성격을 부여할 수 있습니다. 깊게 파헤 치면 끝도 없는 것이 타이포 디자인이지만, 여기서는 간단한 규칙 몇 가지만 활용해 채널 디자 인을 훨씬 매력적으로 만드는 방법을 소개하겠습니다.

타이포 디자인의 세 가지 요소

타이포 디자인에서는 글자의 무게감과 균형감이 중요합니다. 무게감이나 균형감이 어떻게 조정되는지에 따라 주목도가 달라지기 때문입니다. 글자의 무게감과 균형감을 조정할 수 있는 타이포 디자인의 요소로는 글자의 굵기(stroke), 크기(size), 간격(자간, kerning)이 있습니다. 하나씩 살펴보겠습니다.

❶ 글자의 굵기
❷ 글자의 크기
❸ 글자의 간격(자간)

01 글자의 굵기

굵기는 글자의 무게감을 결정하는 중요한 요소 중 하나입니다. 타이포 디자인에서는 무게감이 있는 쪽에 더 시선이 집중됩니다. 글자가 굵으면 주목도가 높아지고, 디자인 전체를 단단하게 잡아주는 것처럼 보입니다. 반대로 글자가 가늘면 상대적으로 약하게 느껴지지만 세련된 느낌을 주기도 합니다. 유튜브 섬네일에서는 시청자의 시선을 사로잡기 위해 글자를 굵게 설정하는 경우가 많습니다.

▲ 서로 다른 굵기의 글자를 나란히 배열하면 진하고 굵은 글자에 시선이 먼저 가게 됨

02 글자의 크기

시력 검사를 한번 떠올려봅시다. 글자가 클수록 눈에 가장 먼저 들어오고 잘 읽을 수 있으며, 작을수록 알아보기 힘들고 읽기에도 불편합니다. 디자인도 마찬가지로 글자의 크기가 클수록 눈에 잘 띄고 읽기 쉽습니다. 하지만 디자인에는 프레임이라는 한정된 영역이 있어서 글자의 크기를 무한정 늘릴 수 없습니다. 도화지 밖에는 그림을 그릴 수 없는 것처럼 정해진 프레임 안에 글자를 배치하고 디자인해야 합니다. 정해진 프레임에 맞춰 글자를 보기 좋은 크기로 배치하면 원하는 곳으로 시선을 집중시킬 수 있습니다.

유튜브 디자인

채널 디자인

채널 특징 분석

타이포 디자인

컬러 디자인

레이아웃 디자인

유튜브 브랜딩

디자인 트렌드

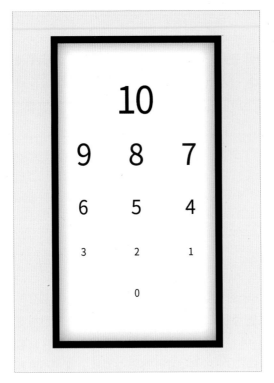

◀ 크기가 큰 숫자 '10'에 시선이 가장 집중되는 것처럼 폰트의 종류와 글자의 굵기가 같다면 크기 차이를 통해 시선 분배를 조절할 수 있음

03 글자의 간격(자간)

글자와 글자 사이의 간격을 자간이라고 합니다. 자간이 너무 좁거나 너무 넓으면 글자를 읽을 때 답답하게 느껴지고 내용을 인지하기가 불편합니다. 자간을 적당한 간격으로 유지해야 편안하게 읽을 수 있습니다. 포토샵 또는 일러스트레이터에서 디자인 작업 시 자간을 0에서 −25 사이로 설정하면 적당하며, 상황에 따라 조금씩 변경하면 됩니다. 이때 폰트의 종류에 따라 수치는 조금씩 달라질 수 있습니다.

유 튜 브 디 자 인 의 법 칙

▲ 자간을 100으로 설정해 글자의 간격이 너무 넓은 타이포 디자인

유튜브디자인의법칙

▲ 자간을 −100으로 설정해 글자의 간격이 너무 좁은 타이포 디자인

살펴본 것처럼 자간이 너무 넓으면 타이포 디자인이 힘을 잃습니다. 그렇다고 해서 너무 좁으면 답답해 보이고 내용이 잘 인식되지 않습니다. 다음과 같이 0에서 −25 사이(포토샵과 일러스트레이터 기준)로 설정하면 가장 깔끔합니다.

유튜브 디자인의 법칙

▲ 자간을 0에서 −25 사이로 설정해 적당한 간격을 확보한 타이포 디자인

글자 사이의 간격을 적당하게 설정해야 균형감과 안정감이 확보되어 시청자의 시선도 중요한 부분으로 집중시킬 수 있고 내용도 한눈에 잘 들어옵니다.

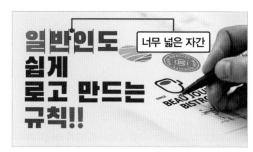
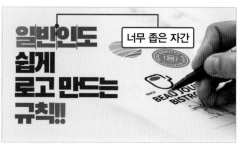

▲ 자간이 너무 넓으면 시선을 집중시키기 힘들고 너무 좁으면 답답한 느낌을 줌

간혹 디자인적인 장치로써 의도적으로 자간을 아주 좁히거나 아주 넓히는 경우도 있습니다. 의도적으로 자간을 넓히는 디자인은 이 CHAPTER의 STEP 06에서 다뤄보겠습니다.

STEP 02 / 유튜브 채널의 분위기를
좌우하는 폰트 선택

다양한 폰트의 종류와 특징

폰트(font)는 디지털에서 사용하는 글자의 모양으로, 고딕이나 굴림, 명조 등 종류가 아주 다양합니다. 유튜브 채널 디자인에서 통일성이 필요한 첫 번째 부분이 바로 폰트입니다. 폰트가 어느 정도 통일되면 깔끔하게 정돈된 느낌을 주고, 폰트에 따라 채널의 아이덴티티도 결정되기 때문입니다.

검은 고딕   명조체   도현체

▲ 많이 사용되는 폰트인 '검은 고딕체(무료)', '조선일보 명조체(무료)', '배달의 민족 도현체(무료)'

예를 들면 각지고 굵은 고딕 폰트는 시선을 집중시키거나 강조하는 역할이므로 예능이나 게임 채널에는 어울리지만, 감성적인 분위기의 채널에는 과하다고 여겨질 수 있습니다. 브이로그와 같이 감성적인 채널을 운영하는 경우 손글씨 폰트나 명조 폰트를 사용하면 채널의 성격과 디자인을 일치시킬 수 있습니다.

▲ 왼쪽 고딕 폰트인 '산돌 격동 고딕체(유료)'는 게임 채널에 어울리고, 오른쪽 손글씨 폰트인 '잉크 립퀴드체(무료)'는 브이로그 채널에 어울림

다양한 폰트를 크게 고딕 폰트, 명조 폰트, 손글씨 폰트 세 가지로 분류하고 자주 사용되는 폰트를 각각 알아보겠습니다. 참고로 폰트를 고를 때는 상업적으로 이용할 수 있는 폰트인지 확인해야 합니다. 상업적으로 이용할 수 있는 무료 폰트였다가 갑자기 이용할 수 없도록 폰트 라이선스가 변경되는 경우도 있습니다. 그러므로 폰트 사용 시 라이선스 부분을 반드시 확인하고 사용해야 합니다. 폰트를 다운로드하거나 사용하는 방법에 대해서는 STEP 02의 끝부분인 103쪽에서 자세히 설명하겠습니다.

자주 사용되는 고딕 폰트 알아보기

단단하고 강한 느낌을 주는 고딕 폰트는 아주 많은 곳에 사용되고 있습니다. 굵은 고딕 폰트는 제목이나 강조하는 문구 등에 주로 사용되고, 가는 고딕 폰트는 자막에 주로 사용됩니다. 유튜브를 처음 시작해 채널 디자인을 이제 막 만들어가는 과정이라면 고딕 폰트를 추천합니다. 어느 곳에 사용해도 어색하지 않고 무난하며 읽기도 쉽기 때문입니다. 유튜브에서 자주 사용되는 고딕 폰트 네 가지를 자세히 알아보겠습니다.

❶ 검은 고딕체
❷ 노토 산스체
❸ 지마켓 산스체
❹ 산돌 격동 고딕체

01 검은 고딕체

'검은 고딕체'는 상업적으로 이용할 수 있는 무료 폰트라 어디에든 편하게 사용할 수 있습니다. 특히 섬네일에 사용하기 좋은 폰트이며 무난한 편이라 어떤 성격의 채널에도 잘 어울립니다. 하지만 굵기를 조절할 수 없기 때문에 강조하는 곳 몇몇 군데 외에는 사용하기 어렵습니다.

검은
고딕

상업적 무료 '검은 고딕체'

구독자 00만명 · 동영상 000개
무료로 사용이 가능하며 예능이나 게임에 잘 어울리지만 어떤 곳에 사용해도 좋습니다.

무료

▲ 〈김성회의 G식백과〉 채널의 배너 이미지에 사용된 '검은 고딕체'

02 노토 산스체

'노토 산스체'는 상업적으로 이용할 수 있는 무료 폰트로, 자막에 사용하기 가장 좋은 폰트입니다. 무난하면서도 가독성이 매우 좋아 실제로 디자이너들이 많이 사용하며, 고딕 폰트 중에서 가장 기본이 되는 폰트에 속합니다. 어떤 성격의 채널에도 편안하게 어울리는 것이 특징입니다. '검은 고딕체'와 달리 굵기를 다양하게 선택할 수 있어 상황에 따라 무게감을 줄 수도 있고 세련미를 표현할 수도 있습니다.

노토
산스

상업적 무료 '노토 산스체'

구독자 00만명 · 동영상 000개
무료로 사용이 가능하며 자막에 어울립니다.

무료

유튜브에 사용되는 자막은 역시 노토산스가 좋더라구요!

▲ 무난하면서도 가독성이 좋아 실무 디자이너들이 많이 사용하는 '노토 산스체'

03 지마켓 산스체

'지마켓 산스체'는 상업적으로 이용할 수 있는 무료 폰트로, 어떤 곳에도 사용하기 좋은 폰트입니다. 굵기별로 세 가지 폰트가 있어 타이틀을 강조할 때는 굵은 폰트로, 본문에서는 가는 폰트로 사용할 수 있어 활용도가 높다는 장점이 있습니다.

지마켓 산스 **상업적 무료 '지마켓 산스체'**
구독자 OO만명 · 동영상 OOO개
무료로 사용이 가능하며 굵기에 따라 세 가지 폰트로 제공해 활용도가 높습니다. 무료

▲ 굵기별로 세 가지 폰트가 있어 활용도가 높은 '지마켓 산스체'

04 산돌 격동 고딕체

'산돌 격동 고딕체'는 최근에 디자이너들이 많이 사용하기 시작한 폰트로, 유튜브나 TV 등 다양한 곳에 빠지지 않고 등장합니다. 단단하고 강한 느낌을 주면서 동시에 세련미도 있기 때문에 아주 감성적인 채널만 제외하면 어디에든 잘 어울립니다. 다만 굵기를 조절할 수 없다는 단점이 있습니다. 참고로 '산돌' 폰트는 라이선스를 구매해야 사용할 수 있는 유료 폰트입니다.

격동 고딕 **유료 라이선스 '산돌 격동 고딕체'**
구독자 OO만명 · 동영상 OOO개
구매를 해야 하지만 실무 및 대형 유튜브 채널에서는 가장 많이 사용하는 폰트입니다. 유료

▲ 유튜브나 TV 등 다양한 곳에 등장하는 '산돌 격동 고딕체'

자주 사용되는 명조 폰트 알아보기

명조 폰트는 각진 모양의 고딕 폰트와는 반대로 부드러우면서 격식 있는 느낌을 줍니다. 명조 폰트는 신문이나 뉴스에서 많이 사용되는 폰트였기 때문에 약간은 올드한 느낌을 주기도 합니다. 최근에는 이러한 올드함을 덜어낸 새로운 명조 폰트가 많이 배포됐습니다. 유튜브에서 자주 사용되는 명조 폰트 두 가지를 자세히 알아보겠습니다.

❶ 나눔 명조체
❷ 산돌 격동 명조체

유튜브 디자인

채널명 디자인

채널 특징분석

타이포 디자인

컬러 디자인

레이아웃 디자인

유튜브 브랜딩

디자인 트렌드

01 나눔 명조체

'나눔 명조체'는 가장 많이 쓰이는 명조 폰트로, 어디에든 잘 어울립니다. 직선적인 느낌을 담아 올드함을 덜어냈으며, 자막에 사용하면 편안함과 세련미를 느낄 수 있습니다. 상업적으로 이용할 수 있는 무료 폰트이고, 네이버에서 쉽게 다운로드해 사용할 수 있습니다.

나눔 명조	상업적 무료 '나눔 명조체' 구독자 00만명 · 동영상 000개 네이버에서 공개! 무료로 사용하는 가장 기본이 되는 명조체입니다.	무료

▲ 네이버에서 배포한 가장 기본이 되는 명조체인 '나눔 명조체'

02 산돌 격동 명조체

명조 폰트는 가늘게 만들어진 경우가 대부분인데, '산돌 격동 명조체'는 굵게 만들어진 명조 폰트라 제목이나 강조하고 싶은 곳에 유용하게 사용할 수 있습니다. 트렌디하고 가벼운 느낌도 있어 어떤 채널에도 잘 어울립니다. '산돌' 폰트이므로 라이선스를 구매해야 사용할 수 있는 유료 폰트입니다.

격동 명조	유료 라이선스 '산돌 격동 명조체' 구독자 00만명 · 동영상 000개 구매를 해야 하지만 트렌디하게 재해석한 산돌의 명조체입니다.	유료

▲ 트렌드에 맞춰 명조 폰트를 재해석한 '산돌 격동 명조체'

자주 사용되는 손글씨 폰트 알아보기

손글씨 폰트는 손으로 직접 쓴 듯한 느낌의 폰트를 말하며, 여행이나 브이로그 채널에서 많이 사용합니다. 귀여운 느낌을 주기도 해서 키즈나 예능 채널 등에서도 자주 사용하곤 합니다. 하지만 손글씨 폰트는 대부분 굵은 폰트가 아니므로 제목이나 강조하는 곳에 사용하려면 가독성을 높이기 위한 디자인 과정을 한 번 더 거쳐야 합니다. 그럼 유튜브에서 자주 사용되는 손글씨 폰트 세 가지를 더 자세히 알아보겠습니다.

❶ 잉크 립퀴드체
❷ 즐거운 이야기체
❸ 산돌 공병각체

01 잉크 립퀴드체

'잉크 립퀴드체'는 상업적으로 이용할 수 있는 무료 폰트로, 마치 캘리그라피처럼 자유로운 느낌을 주는 손글씨 폰트입니다. 고딕 폰트와 섞어서 사용해도 잘 어울리며, 발랄한 컬러도 무난하게 소화합니다. 하지만 배포사의 규정에 따라 기울기나 장평 등을 조정할 수 없어, 변형 없이 있는 그대로 사용해야만 합니다.

상업적 무료 '잉크 립퀴드체'
구독자 00만명 · 동영상 000개
더페이스샵에서 만든 손글씨 폰트로 기울기 등을 조정할 수 없다는 규정이 있습니다.

무료

▲ 발랄한 느낌을 주기 때문에 뷰티 채널에서도 자주 사용하는 '잉크 립퀴드체'

유튜브 디자인

채널별 디자인

채널 특징 분석

타이포 디자인

컬러 디자인

레이아웃 디자인

유튜브 브랜딩

디자인 트렌드

02 즐거운 이야기체

'즐거운 이야기체'는 손글씨 폰트이지만, 다른 손글씨 폰트에 비해 굵기가 굵어서 강한 느낌을 주기 때문에 제목에 사용해도 잘 어울립니다. 예능 위주의 채널에서도 변화를 주기 위해 이 폰트를 자주 사용합니다.

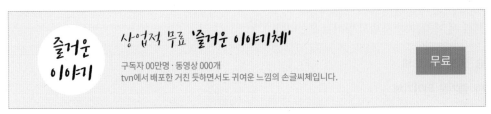

▲ 다른 손글씨 폰트에 비해 강한 느낌을 주는 '즐거운 이야기체'

03 산돌 공병각체

'산돌 공병각체'는 아날로그 감성과 트렌디함을 동시에 갖춘 손글씨 폰트로, 가늘지만 과감함과 힘이 느껴집니다. 특히 감성적인 채널에 잘 어울리며 여행, 브이로그, 뷰티 채널에서 자주 사용합니다. '산돌 공병각체'는 다양한 스타일로 제공하므로 선택의 범위가 넓습니다. '산돌' 폰트이므로 라이선스를 구매해야 사용할 수 있는 유료 폰트입니다.

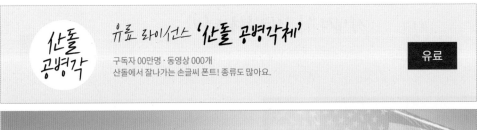

▲ 여행 관련 영상 콘텐츠의 섬네일과 '산돌 공병각체'의 조합은 찰떡궁합

〈JohnKOBA Design〉 채널에서도 자주 사용하는 폰트와 유튜브에서 접한 폰트 중 추천할 만한 폰트들을 모두 소개했습니다. 이 외에도 다양한 폰트를 사용해 각 채널의 성격을 나타낼 수 있습니다. 꼭 특정 카테고리의 채널에는 특정 폰트만 사용해야 한다는 절대 법칙은 없습니다. 다만 채널의 성격과 결이 다른 폰트를 사용하게 되면 이질감이 느껴지고 채널의 정체성이 흐려질 수 있습니다. 이 점은 기억하길 바라며, 마지막으로 존코바가 추천하는 카테고리별 폰트 목록을 정리해보겠습니다.

- **게임, 먹방, 개그 |** 검은 고딕체(무료), 노토 산스체(무료), 지마켓 산스체(무료), 배달의 민족 도현체(무료), 산돌 격동 고딕체(유료) 등

- **여행, 브이로그, 키즈, 뷰티 |** 나눔 명조체(무료), 잉크 립퀴드체(무료), 즐거운 이야기체(무료), 산돌 격동 명조체(유료), 산돌 공병각체(유료) 등

- **교육, 리뷰 |** 노토 산스체(무료), 지마켓 산스체(무료), 산돌 격동 고딕체(유료) 등

 **디자인 참견러 존코바의 핵심 코칭**

무료 폰트를 다운로드할 수 있는 '눈누'

눈누(noonnu.cc)에서는 어떤 무료 폰트가 있는지 확인할 수 있고, 손쉽게 다운로드할 수 있습니다. 앞서 소개한 무료 폰트도 모두 눈누에서 다운로드할 수 있습니다.

▲ 무료 폰트를 다운로드할 수 있는 웹사이트 '눈누'

상단의 [모든 폰트]를 클릭하고 [허용 범위]를 [OFL]로 설정해 검색하면 완전 무료로 공개된 폰트들을 확인할 수 있습니다. OFL(Open Font License)은 폰트에 대한 모든 권리를 무료로 공개했다는 뜻으로, 상업적 이용뿐만 아니라 모든 범위에서 활용 가능한 무료 폰트입니다.

▲ [OFL]로 설정해 검색하면 상업적 이용뿐만 아니라 모든 범위에서 활용 가능한 무료 폰트들을 다운로드할 수 있음

유튜브 디자인

채널별 디자인

채널 특성 분석

타이포 디자인

컬러 디자인

레이아웃 디자인

유튜브 브랜딩

디자인 트렌드

03 STEP

가독성은 유튜브 섬네일의 핵심

가독성을 높이는 다양한 디자인 요소들

가독성은 텍스트를 얼마나 쉽게 읽고 이해할 수 있는지를 나타내는 정도입니다. 비슷한 디자인 용어로는 가시성, 시인성, 명시성 등이 있습니다. '다른 채널보다 눈에 띄는 타이포 디자인'으로 생각하면 쉬운데, 수많은 콘텐츠 사이에서 시청자의 눈에 띄려면 가독성에 유의해야 합니다.

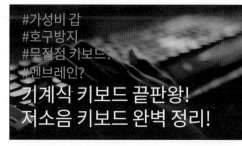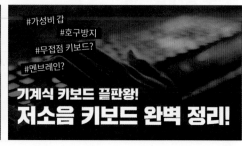

▲ 배경과 글자의 컬러가 비슷하고 강조점이 애매하면 가독성이 떨어지는데(왼쪽), 글자의 굵기, 크기 등에 작은 변화만 주어도 시선을 확 집중시킬 수 있음(오른쪽)

가독성은 폰트, 크기, 자간 등에 의해 결정되며 이미지와의 조화까지 생각하는 것이 좋습니다. 여기서는 텍스트의 내용, 즉 카피에 대한 이야기보다는 디자인적인 관점에서 글자를 어떻게 배열하고 조합해야 가독성을 높이는지 설명하겠습니다. 가독성을 높이는 방법은 다음과 같이 크게 네 가지가 있습니다.

❶ 프레임 조정

❷ 크기의 대비

❸ 굵기 조정

❹ 여백 조정

프레임, 크기, 굵기, 여백을 조정해 가독성 높이는 방법을 단계별로 살펴보겠습니다. 여기서 설명하는 네 가지만 조정해도 충분히 가독성 높은 디자인을 만들 수 있습니다.

01 프레임 조정

디자인을 할 때 글자를 입력할 수 있는 영역은 한정되어 있습니다. 섬네일을 글자로 가득 채우면 가독성이 떨어집니다. 섬네일에 글자를 입력할 가상의 프레임을 섬네일보다 작게 설정해두고, 그 안에서 조화롭게 디자인해야 가독성을 높일 수 있습니다. 또한 문구를 한 줄로 작성하기보다는 여러 줄로 나누고, 자간도 적정한 수치로 조정합니다. 예시를 살펴보겠습니다.

▲ 너무 많은 글자로 가득 채워 가독성이 떨어지는 섬네일

섬네일 안쪽으로 가상의 프레임을 설정해 입력했지만, 글자가 너무 많아 눈에 잘 들어오지 않습니다. 많은 내용을 노출하기 위해 자극적인 문구도 포함했지만, 일단은 글자가 너무 많아 답답해 보이므로 시청자들이 글자 자체를 아예 읽지 않을 수도 있습니다. 다음으로 크기의 대비를 통해 이를 개선해보겠습니다.

02 크기의 대비

글자의 크기에 상대적인 대비를 주어 강조하고 싶은 문구에 집중하도록 만드는 방식입니다. 강조하고 싶은 부분의 글자를 크게 설정하고, 상대적으로 덜 중요한 글자는 작게 설정합니다. 중요한 글자가 제일 처음 눈에 띄고 이어서 덜 중요한 글자로 시선이 흘러갈 수 있도록 크기에 대비를 주면 시청자의 시선을 원하는 대로 움직이게 만들 수 있습니다. 다만 크기의 대비가 너무 크면 주의가 산만해지고 시선이 분산되는 역효과가 발생하므로 주의해야 합니다.

글자 크기를 조절해 중요한
텍스트를 더 강조함

▲ 크기의 대비를 통해 가독성을 개선했으나 배경과의 충돌로 글자가 눈에 덜 들어오는 섬네일

크기의 대비를 통해 가독성을 개선한 섬네일입니다. 불필요한 내용을 삭제하고 글자의 크기에 변화를 주어 차이를 만들었습니다. 이전보다 가독성이 훨씬 좋아진 것을 확인할 수 있지만, 그래도 아쉽습니다. 다음으로 글자의 굵기를 조정해 가독성을 더 개선해보겠습니다.

03 굵기 조정

크기의 대비와 비슷한 방식인데, 굵기를 조정해 가독성을 높이는 방법입니다. 일단 글자에서 무게감이 느껴지면 그쪽으로 가장 먼저 시선이 가게 됩니다. 대부분의 디자인에서는 제목이나 강조하는 곳에 다른 곳보다 굵은 글자를 사용합니다. 섬네일도 마찬가지로 제목 등의 굵기를 굵게 설정하는 것이 기본입니다. 다만 너무 굵은 글자는 답답한 느낌을 주고 오히려 가독성도 떨어집니다. 또한 굵은 글자가 크기까지 너무 크면 자칫 과한 인상을 줄 수 있으므로 적절한 조절이 필요합니다.

▲ 글자의 굵기를 조절해 가독성을 더욱 높인 섬네일

글자의 굵기를 조절해 가독성을 더욱 높인 섬네일입니다. 굵기가 굵은 폰트인 '산돌 격동 고딕체(유료)'로 폰트를 변경해 메인 텍스트를 강조했습니다. 그러나 무작정 글자의 크기가 크고 굵기가 굵다 해서 가독성이 높아지는 것은 아닙니다. 중요한 가독성 조정 방법인 여백 조정을 마지막으로 살펴보겠습니다.

04 여백 조정

여백은 프레임 안에 글자를 채우고 난 후 남는 공간을 뜻하며, 제가 가장 중요하게 여기는 요소이기도 합니다. 여백을 활용해 공간의 대비를 만들면 가독성을 훨씬 더 높일 수 있습니다. 섬네일에 글자를 꽉 채우면 시청자들이 꽉 찬 공간에 답답함을 느껴 글자를 전부 읽지 않게 되므로 결과적으로는 가독성이 더 떨어집니다.

여백이 있어야 시선이 전체 프레임에 고정되어 편안함이 생깁니다. 자간을 이용하면 글자 사이의 여백도 조정할 수 있어 더욱 세련되게 디자인할 수 있습니다. 특히 여행 채널이나 브이로그 채널에서 여백을 잘 사용하면 감각적인 느낌을 표현할 수 있습니다. 여백에 대해서는 CHAPTER 03에서 레이아웃을 설명하면서 더욱 자세히 알아보겠습니다.

빨간색으로 표시한 영역인 여백이 넓을수록 문구로 시선이 집중됨

▲ 여백을 확보해 가독성을 더욱 높인 섬네일

여백을 더 확보해 가독성을 높인 섬네일입니다. 글자 크기가 작아졌는데도 여백 덕분에 문구에 시선이 집중되는 효과가 생깁니다. 이처럼 프레임, 크기, 굵기, 여백 등의 기본적인 조정을 마친 후 다음과 같이 컬러나 타이포 디자인을 더 가미해 최종 섬네일을 완성합니다.

▲ 컬러와 타이포 디자인을 통해 가독성을 더욱 높인 최종 섬네일

유튜브 디자인

채널명 디자인

채널 특징 분석

타이포 디자인

컬러 디자인

레이아웃 디자인

유튜브 브랜딩

디자인 트렌드

STEP 04

타이포를 강조한
배너 이미지 만들기

파일 Part 02/Chapter 01/타이포_예제1_준비.psd, Shine.png, 타이포_예제1_완성.psd

AFTER

BEFORE

학습 내용
- 폰트를 수정해 텍스트의 주목도 높이기
- 타이포와 이미지를 분리해 채널명 강조하기
- Warp Text로 글자 모양 변형하기

핵심 기능 Free Transform(자유 변형 모드), Warp, 펜 도구, 타원 셰이프 도구

이미지 및 글자의 크기와 위치 조정하기

01 Ctrl + O 를 눌러 **타이포_예제1_준비.psd** 파일을 불러옵니다.

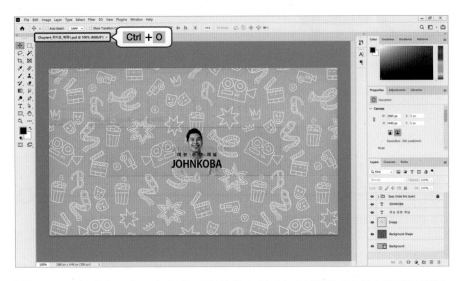

> **TIP** Ctrl + O 는 [File]−[Open] 메뉴의 단축키로, 파일을 불러올 수 있습니다. 자주 사용하는 단축키이니 외워두면 좋습니다.

02 가운데에 있는 사람 이미지의 크기를 조정해보겠습니다. ❶ [Image] 레이어를 클릭한 후 ❷ [Edit]−[Free Transform] Ctrl + T 메뉴를 클릭합니다.

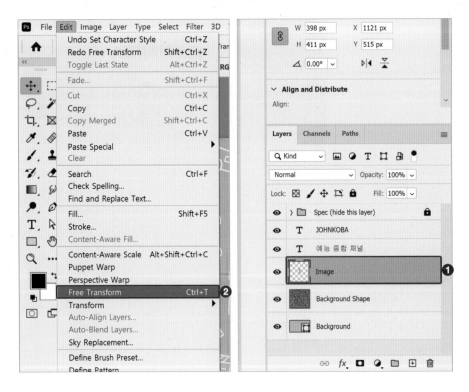

03 ❶ 조절점을 드래그해 이미지의 크기를 키웁니다. ❷ 이미지를 글자의 오른쪽으로 드래그해 옮기고 ❸ Enter 를 눌러 수정을 완료합니다. 글자가 좀 더 잘 읽힙니다.

04 ❶ [JOHNKOBA] 문자 레이어를 클릭하고 ❷ Ctrl 을 누른 채 [예능 종합 채널] 문자 레이어도 클릭해 함께 선택합니다. ❸ [Character] 패널에서 폰트를 [Black Han Sans]로 변경합니다.

TIP [Character] 패널이 보이지 않는다면 [Window]–[Character] 메뉴를 클릭해 체크합니다.

TIP 'Black Han Sans'는 '검은 고딕체'입니다. 무료로 다운로드해 사용할 수 있습니다. 폰트는 [Black Han Sans]가 아니라도 굵기가 굵어 글자를 강조할 수 있는 폰트라면 무엇이든 괜찮습니다.

05 글자의 크기도 키워보겠습니다. **❶** Ctrl + T 를 눌러 조절점이 나타나면 **❷** 이미지와 마찬가지로 조절점을 드래그해 글자의 크기를 키웁니다. **❸** 적당한 위치로 드래그해 옮기고 **❹** Enter 를 눌러 수정을 완료합니다.

TIP Ctrl + T 는 [Edit] – [Free Transform] 메뉴의 단축키입니다.

Warp Text로 글자 모양 변형하기

06 글자의 모양을 변형해 재미를 더해보겠습니다. **❶** [JOHNKOBA] 문자 레이어를 클릭하고 **❷** [Edit]–[Transform]–[Warp] 메뉴를 클릭합니다.

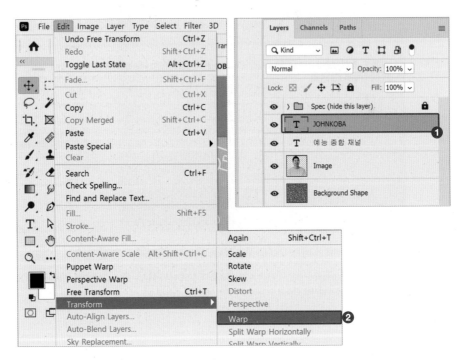

07 ❶ 상단의 옵션바에서 [Warp]를 [Arc]로 선택하고 ❷ [Bend]는 **10**으로 설정합니다. 글자가 약간 휘어지면서 재미가 더해집니다.

펜 도구로 셰이프 만들어 꾸미기

08 ❶ 돋보기 도구 🔍를 클릭하고 ❷ 글자 부분의 화면을 왼쪽에서 오른쪽으로 드래그해 확대합니다. ❸ [JOHNKOBA] 레이어는 Ctrl 을 누른 채 클릭하여 선택을 해제합니다. ❹ 배너 이미지 가이드는 디자인 작업에 방해가 되니 [Spec (hide this layer)] 레이어 그룹의 눈 👁을 클릭해 보이지 않게 합니다.

TIP 단축키 Ctrl + + 를 누르면 누른 만큼 화면이 확대되고, Ctrl + - 를 누르면 누른 만큼 축소됩니다.

09 ❶ 펜 도구 ⬙를 클릭합니다. ❷ 옵션바에서 [Shape]가 선택되어 있는 것을 확인한 후 ❸ [Stroke]는 해제하고 ❹ [Fill]의 컬러 박스를 클릭합니다.

10 ❶ 컬러 팔레트 ⬛를 클릭하면 [Color Picker] 대화상자가 나타납니다. ❷ 마우스 포인 터가 스포이드 ⬙ 모양으로 바뀌면 'JOHNKOBA' 부분을 클릭해 색을 선택합니다. ❸ [OK]를 클릭해 색 지정을 완료합니다.

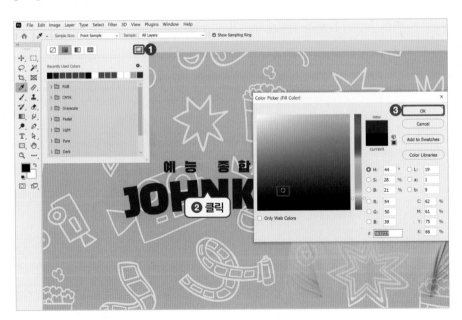

11 ❶ 'J' 아래쪽 지점을 클릭합니다. ❷ 'K' 아래쪽 지점을 클릭한 채 우측으로 드래그하면서 곡선을 만듭니다. ❸ 'A' 아래쪽 지점을 클릭하고 ❹ 처음 클릭했던 지점을 다시 클릭해 패스 그리기를 마무리합니다. ❺ 생성된 [Shape 1] 레이어를 `Ctrl`을 누른 채로 클릭하여 선택을 해제합니다.

TIP 펜 도구가 익숙하지 않다면 이 과정이 조금 어렵게 느껴질 수 있습니다. 펜 도구를 자유자재로 활용하기가 어렵다면 123 쪽에서 펜 도구의 기초 활용법을 연습한 후 실습을 다시 이어가는 것을 추천합니다.

유튜브 디자인

채널별 디자인

채널 특징 분석

타이포 디자인

컬러 디자인

레이아웃 디자인

유튜브 미리캔버스

디자인 트렌드

타원 셰이프 도구로 디자인 요소 추가하기

12 디자인 요소를 추가해보겠습니다. ❶ 사각형 셰이프 도구▢를 길게 클릭해 ❷ 타원
셰이프 도구◯를 클릭합니다. ❸ [Stroke]는 해제하고 ❹ [Fill]의 컬러 박스를 클릭합
니다.

TIP 도구바의 도구를 길게 클릭하거나 마우스 오른쪽 버튼으로 클릭하면 숨겨진 도구들이 나타납니다.

13 ❶ 컬러 팔레트▢를 클릭하면 [Color Picker] 대화상자가 나타납니다. ❷ 빨간색
(#CE2323)으로 지정한 후 ❸ [OK]를 클릭합니다.

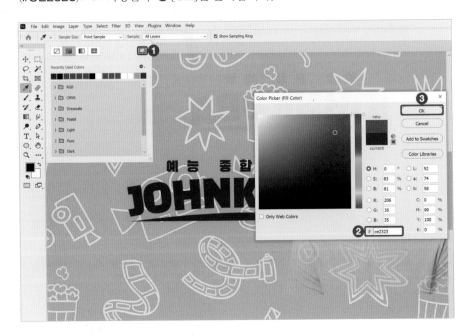

14 ① '예능' 왼쪽에 Shift 를 누른 채 드래그하여 작은 정원을 하나 만듭니다. ② 적당한 위치에 배치하고 Enter 를 눌러 수정을 완료합니다.

> **TIP** 실수로 잘못 그렸다면 [Edit]-[Undo] 메뉴의 단축키인 Ctrl + Z 를 눌러 한 단계 이전으로 되돌릴 수 있습니다. Ctrl + Shift + Z 를 누르면 작업을 다시 실행합니다.

15 ① 이동 도구 ⊕ 를 클릭합니다. ② Alt 를 누른 채 정원을 오른쪽으로 드래그하여 복제합니다. ③ 같은 방식으로 Alt 를 누른 채 오른쪽으로 드래그하여 하나 더 복제합니다.

유튜브 디자인
채널명 디자인
채널 특장 분석
타이포 디자인
컬러 디자인
레이아웃 디자인
유튜브 홍보
디자인 트렌드

완성도를 높이는 이미지 소스 추가하기

16   완성도를 높이기 위해 이미지 소스를 추가해보겠습니다. ❶ Ctrl + O 를 눌러 Shine. png 파일을 불러옵니다. ❷ [Layer 1] 레이어를 클릭하고 ❸ Ctrl + C 를 눌러 복사합니다.

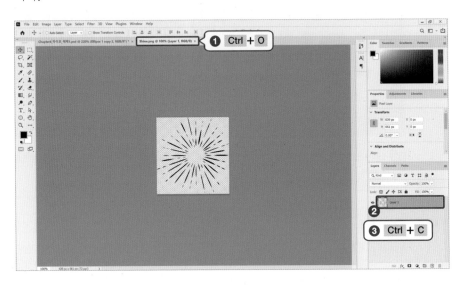

17   ❶ 파일 탭을 클릭해 기존의 작업 화면으로 돌아옵니다. ❷ Ctrl + V 를 눌러 복사해둔 레이어를 붙여 넣습니다. ❸ 컬러 세팅이 다르다는 경고 메시지가 나타나면 [OK]를 클릭합니다. 메시지가 나타나지 않으면 그대로 다음 단계를 진행합니다.

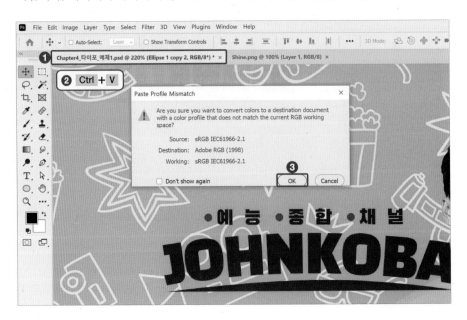

18 이미지가 가운데에 배치됩니다. ❶ Ctrl + T 를 누르고 ❷ 조절점을 드래그해 크기를 약간 작게 줄입니다. ❸ 사람 이미지 부분으로 드래그해 옮기고 ❹ Enter 를 눌러 수정을 완료합니다.

19 이미지가 얼굴을 가리지 않도록 수정해보겠습니다. ❶ [Layer 1] 레이어를 클릭하고 ❷ [Image] 레이어 아래로 드래그합니다.

20 타이포와 이미지가 강조되어야 하므로 지저분해 보이는 배경을 옅게 수정해보겠습니다. ❶ [Background Shape] 레이어를 클릭하고 ❷ [Opacity]를 **30%**로 설정합니다. 배경이 옅게 수정되면서 타이포와 이미지가 좀 더 강조되어 보입니다.

JPG 형식으로 이미지 파일 저장하기

21 디자인이 완성되었으니 이미지 파일로 저장해보겠습니다. 손 도구 를 더블클릭하거나 Ctrl + 0 을 눌러 배너 이미지의 전체 모습을 확인합니다.

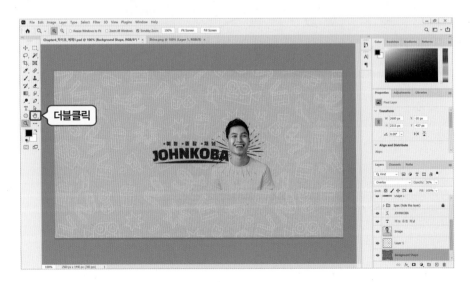

22 이미지 파일로 저장하기 전에 개체들이 가운데에 잘 배치되었는지 최종 확인해보겠습니다. [Spec (hide this layer)] 레이어 그룹의 눈 을 클릭해 배너 이미지 가이드가 다시 나타나게 합니다. 이상이 없는지 확인할 수 있습니다.

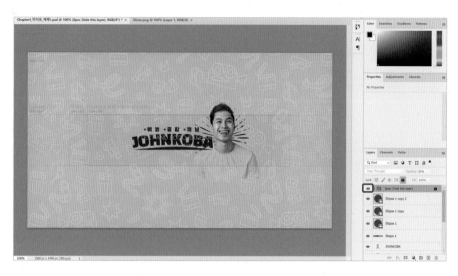

23 ❶ [Spec (hide this layer)] 레이어 그룹의 눈 을 클릭해 다시 보이지 않게 합니다.
❷ [File]-[Export]-[Export As] 메뉴를 클릭합니다.

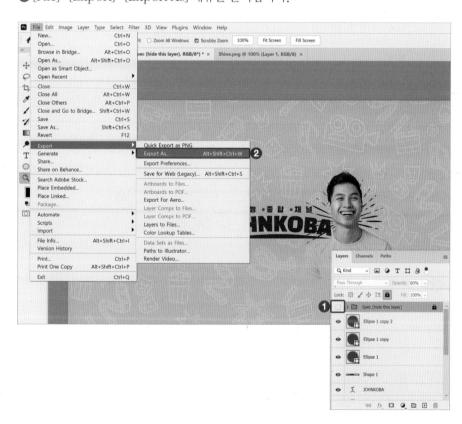

24 [Export As] 대화상자가 나타나면 ❶ [Format]은 [JPG]로 선택하고 ❷ [Export]를 클릭합니다.

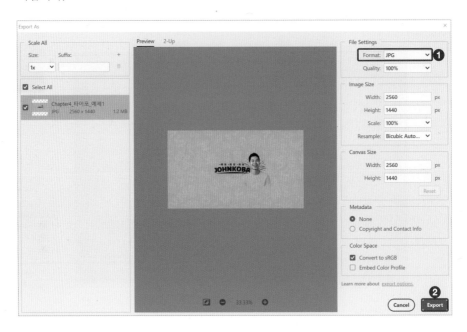

25 [Export] 대화상자가 나타나면 ❶ [파일 이름]에 원하는 파일명을 입력하고 ❷ [저장]을 클릭해 마무리합니다.

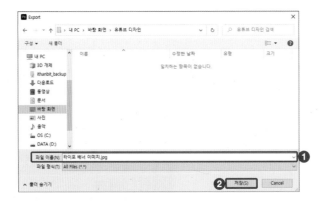

26 타이포를 강조한 배너 이미지가 완성되었습니다. 유튜브 배너 이미지에 등록하면 다음과 같은 모습으로 보입니다.

펜 도구로 셰이프 만들기

펜 도구는 포토샵에서 가장 중요한 기본 기능이지만, 제법 어려운 기능이기도 합니다. 펜 도구를 활용해 패스와 셰이프 그리는 방법을 간단히 알아보겠습니다.

직선 패스 그리기

펜 도구 ✐ 를 클릭했다면 옵션바에서 [Shape]가 선택되어 있는 것을 확인한 후 [Fill]은 해제하고 [Stroke]는 검은색(#000000), 10px로 설정합니다.

❶ 빈 아트보드를 클릭해 시작점을 만듭니다. ❷ Shift 를 누른 채 오른쪽의 다른 지점을 클릭하면 직선 패스가 그려집니다.

곡선 패스 그리기

❶ 위쪽 지점을 클릭한 채 왼쪽으로 살짝 드래그하면 곡선 패스가 그려지고, 클릭한 지점 양쪽으로 기울기를 조절할 수 있는 방향선이 나타납니다. ❷ 제일 처음 클릭했던 시작점을 다시 클릭하면 방향선의 방향과 기울기에 맞춰 자동으로 곡선 패스가 그려지고 닫힌 패스가 완성됩니다.

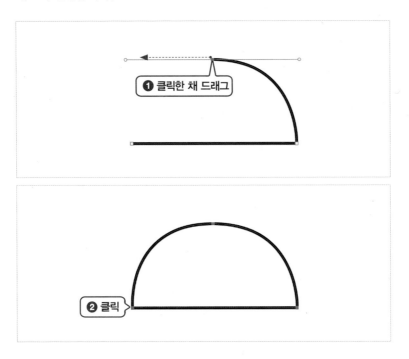

직선 패스와 곡선 패스 함께 그리기

직선 패스와 곡선 패스를 함께 그려보겠습니다. ❶ Ctrl + Z 를 눌러 작업을 되돌립니다. 곡선 패스를 그린 후에 다시 직선 패스를 이어서 그리고 싶다면 ❷ Alt 를 누른 채 위쪽 지점을 다시 클릭합니다. 왼쪽 방향선이 삭제되는데, 이렇게 방향선이 삭제된 상태에서만 다시 직선 패스를 그릴 수 있습니다.

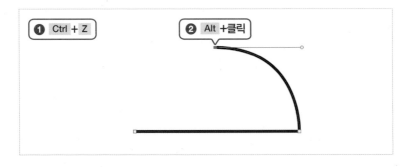

❸ Shift 를 누른 채 위쪽 지점을 클릭해 직선 패스를 그립니다. ❹ ❺ Shift 를 누른 채 각 지점을 순서대로 클릭하여 신발 모양 셰이프를 완성합니다.

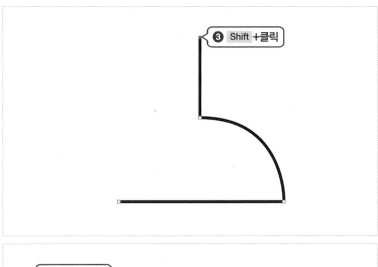

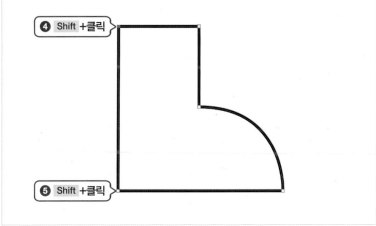

펜 도구 ✐.를 활용하면 클릭하여 직선 패스를 그릴 수 있고, 클릭한 채로 드래그하면 곡선 패스를 만들 수 있습니다. 곡선 패스를 그린 후에 직선 패스를 그리고 싶다면 Alt 를 누른 채 클릭해 한쪽 방향선을 삭제한 후 다시 그립니다.

STEP 05

섬네일에 어울리는 타이포 디자인하기

파일 Part 02/Chapter 01/타이포_예제2_준비.psd, 타이포_예제2_완성.psd

학습 내용
- 콘텐츠에 어울리는 폰트 설정하기
- 레이어 스타일로 타이포 강조하기
- Photo Filter로 손쉽게 색 보정하기

핵심 기능   Layer Style, Blend Mode, Photo Filter, 셰이프

글자의 크기와 배치 조정하기

01 `Ctrl` + `O` 를 눌러 **타이포_예제2_준비.psd** 파일을 불러옵니다.

02 고양이 이미지와 어울리는 귀여운 폰트로 변경해 이미지와 조화롭게 보이도록 해보겠습니다. ❶ [집사로] 문자 레이어를 클릭한 후 ❷ ❸ [지목], [당했습니다] 문자 레이어를 `Ctrl` 을 누른 채로 각각 클릭해 모두 함께 선택합니다. ❹ [Character] 패널에서 폰트를 [BM JUA_TTF]로 변경합니다.

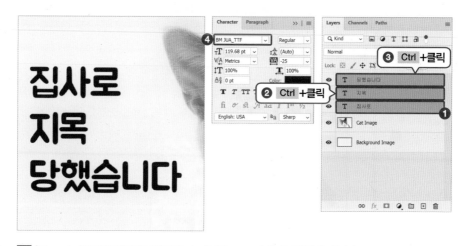

TIP [Character] 패널이 보이지 않는다면 [Window]-[Character] 메뉴를 클릭해 체크합니다.

TIP 'BM JUA_TTF'는 '배달의 민족 주아체'입니다. 무료로 다운로드해 사용할 수 있습니다.

03 ❶ [지목] 문자 레이어를 클릭한 후 ❷ `Ctrl` + `T` 를 누릅니다. ❸ 조절점을 드래그하여 크기를 키우고 ❹ `Enter` 를 눌러 수정을 완료합니다. 텍스트가 강조됩니다.

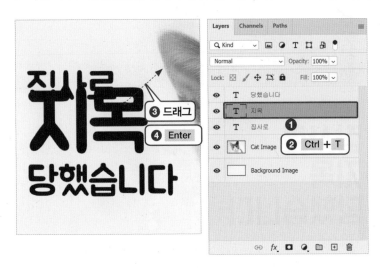

04 ❶ 이동 도구 ⊕를 클릭합니다. ❷ [집사로], [지목], [당했습니다] 문자 레이어를 각각 클릭하고 드래그해 적당한 위치로 옮깁니다. 전체적으로 안정감이 느껴지도록 텍스트를 배치해줍니다.

05 ❶[집사로] 문자 레이어를 클릭해 선택합니다. ❷ 문자 도구 T 를 클릭하고 ❸ '사로'만 드래그해서 선택한 후 ❹ Backspace 를 눌러 글자를 지웁니다.

06 ❶[집] 문자 레이어가 선택되어 있는 것을 확인하고 ❷ 이동 도구 ⊕ 를 클릭합니다. ❸ '집'을 Alt 를 누른 채 오른쪽으로 드래그해 복제합니다. ❹ 같은 방식으로 Alt 를 누른 채 오른쪽으로 드래그해 하나 더 복제합니다. [Layers] 패널에 복제된 문자 레이어가 생성된 것을 확인할 수 있습니다.

07   ❶ 문자 도구 T 를 클릭합니다. ❷ 두 번째 '집'을 '사'로 변경하고 ❸ 세 번째 '집'은 '로'로 변경합니다.

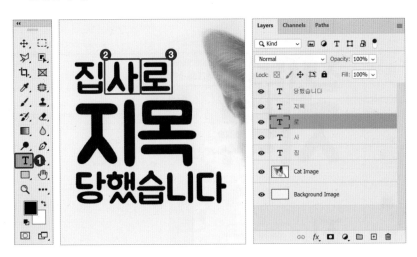

TIP 글자를 입력한 후 수정을 완료하려면 Ctrl + Enter 를 누릅니다.

08   ❶ [집] 문자 레이어를 클릭해 선택한 후 ❷ Ctrl + T 를 누릅니다. ❸ 마우스 포인터를 조절점의 오른쪽 상단 바깥쪽에 올려둡니다. 마우스 포인터가 ↱ 모양으로 변경되면 왼쪽으로 살짝 드래그해 글자를 회전합니다. ❹ 원하는 각도로 수정한 후 Enter 를 누릅니다. ❺ ❻ 같은 방식으로 '사'는 오른쪽으로, '로'는 왼쪽으로 살짝 회전합니다. 이런 식으로 타이포 각도를 각각 다르게 설정하면 재미를 더할 수 있습니다.

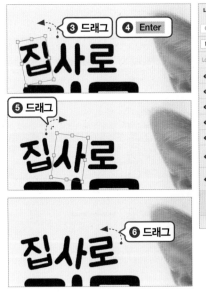

09 ❶ [집] 문자 레이어를 클릭하고 ❷ [당했습니다] 문자 레이어를 Shift 를 누른 채 클릭합니다. 다섯 개의 레이어가 모두 함께 선택되는데 이 상태로 ❸ Ctrl + G 를 눌러 하나의 그룹으로 묶습니다.

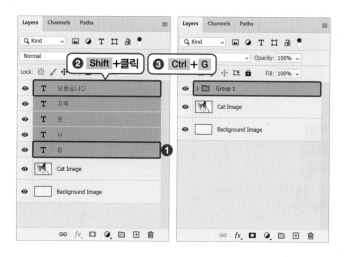

레이어 스타일로 타이포 디자인하기

10 레이어 스타일(Layer Style)을 활용해 타이포 디자인을 해보겠습니다. ❶ [Group 1] 그룹 레이어를 더블클릭하면 [Layer Style] 대화상자가 나타납니다. ❷ [Stroke]를 클릭하면 [Stroke]에 체크되고 설정할 수 있는 옵션이 나타납니다. ❸ [Size]는 3, [Position]은 [Center], [Blend Mode]는 [Normal], [Opacity]는 100으로 설정합니다. ❹ [Color]는 검은색(#000000)으로 지정합니다.

> **TIP** [Layer Style] 대화상자를 불러오려면 레이어를 더블클릭해야 하는데, 이때 레이어의 섬네일이나 이름 부분이 아니라 이름 오른쪽의 빈 영역을 더블클릭해야 합니다. 레이어의 섬네일을 더블클릭하면 [Color Picker] 대화상자가 나타나고, 레이어의 이름을 더블클릭하면 레이어의 이름을 변경할 수 있는 상태가 됩니다.

11 ❶ [Drop Shadow]를 클릭하고 ❷ [Opacity]는 **30**, [Angle]은 **135**, [Distance]는 **15**, [Spread]와 [Size]는 **0**으로 설정합니다. ❸ 색은 주황색(**#FF7E00**)으로 지정하고 ❹ [OK]를 클릭합니다.

12 ❶ [Group 1] 그룹 레이어 왼쪽에 있는 ▶를 클릭하고 [지목] 문자 레이어를 더블클릭 하면 [Layer Style] 대화상자가 나타납니다. ❷ [Gradient Overlay]를 클릭하고 ❸ [Blend Mode]는 [Normal], [Opacity]는 **100**, [Angle]은 **0**, [Scale]은 **150**으로 설 정합니다.

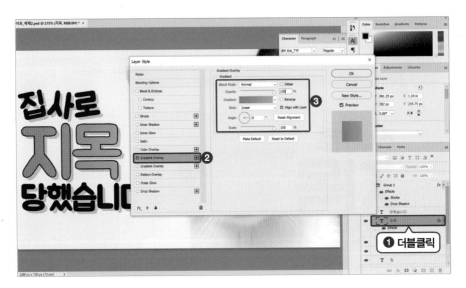

13 ❶ [Gradient]의 ⬇를 클릭해 ❷ [Oranges](주황 계열)를 클릭하고 ❸ [Orange_08] (주황_08)을 클릭합니다. ❹ [OK]를 클릭해 설정을 완료합니다.

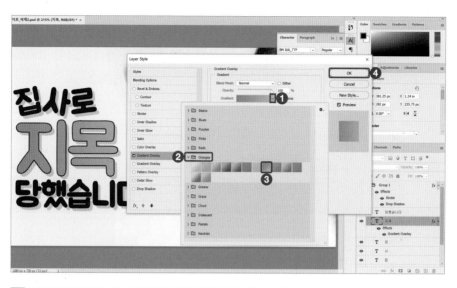

TIP 그레이디언트의 종류는 포토샵 CC 2020 이상 버전에서 위와 같이 나타납니다.

14 ❶ [집] 문자 레이어를 클릭하고 ❷ [당했습니다] 문자 레이어를 Shift 를 누른 채 클릭합니다. 다섯 개의 문자 레이어가 모두 함께 선택됩니다. ❸ [Character] 패널에서 [Color]의 컬러 박스를 클릭합니다. ❹ [Color Picker] 대화상자가 나타나면 흰색 (#FFFFFF)으로 지정하고 ❺ [OK]를 클릭합니다.

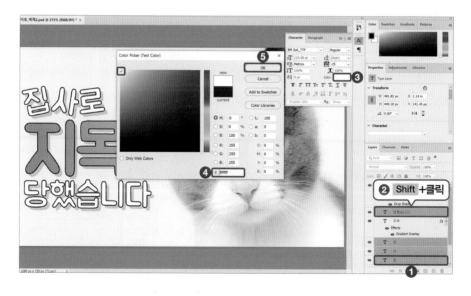

다양한 셰이프로 디자인 요소 추가하기

15 디자인 요소를 추가해 섬네일의 완성도를 높여보겠습니다. ❶ 타원 셰이프 도구◯를 클릭합니다. ❷ 옵션바에서 [Shape]가 선택되어 있는 것을 확인합니다. ❸ [Stroke]는 해제하고 ❹ [Fill]의 컬러 박스를 클릭한 후 ❺ 컬러 팔레트▣를 클릭합니다. ❻ [Color Picker] 대화상자가 나타나면 연한 주황색(**#FFB062**)으로 지정하고 ❼ [OK]를 클릭합니다.

TIP 도구바의 도구를 길게 클릭하거나 마우스 오른쪽 버튼으로 클릭하면 숨겨진 도구들이 나타납니다.

16 ❶ 적당한 위치에 드래그하여 작은 원을 만듭니다. 이때 Shift 를 누른 채 드래그하면 정원을 만들 수 있습니다. ❷ 다양한 크기의 원을 더 만듭니다.

TIP 원을 만들면 [Layers] 패널에 [Ellipse 1] 레이어가 생깁니다. [Ellipse 1] 레이어가 [Group 1] 그룹 레이어 하위에 있다면 그룹 레이어 위로 드래그해 그룹 레이어에 포함시키지 않도록 합니다. [Group 1] 그룹 레이어에 속하게 되면 이 레이어에 적용된 레이어 스타일이 똑같이 적용됩니다.

17 추가로 다른 셰이프도 만들어보겠습니다. ❶ [Window]-[Shapes] 메뉴를 클릭해 체크하면 오른쪽 패널에 🔊 아이콘이 나타납니다. ❷ 🔊을 클릭합니다.

18 ❶ [Shapes] 패널이 나타나면 옵션▤을 클릭하고 ❷ [Legacy Shapes and More]를 클릭합니다. ❸ [Shapes] 패널에 [Legacy Shapes and More] 셰이프 그룹이 나타납니다. ❹ ▣을 클릭해 패널을 닫습니다.

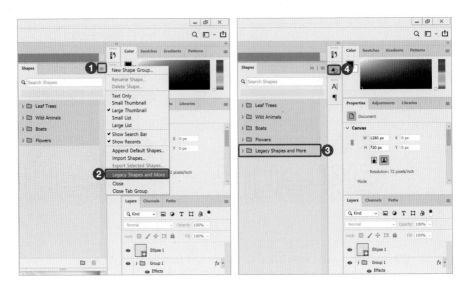

19 ❶ 사용자 정의 셰이프 도구▨를 클릭합니다. ❷ 옵션바에서 [Shape]의 ▣를 클릭합니다. ❸ [Legacy Shapes and More]를 클릭하고 ❹ [All Legacy Default Shapes]를 클릭합니다. ❺ [Shapes]를 클릭해 열고 ❻ 다이아몬드 모양의 셰이프를 클릭합니다.

20 ❶ 옵션바에서 [Fill]을 검은색으로 변경하고 ❷ [Stroke]는 해제합니다. ❸ 적당한 위치에 드래그해 다이아몬드 모양의 셰이프를 만듭니다. ❹ [Dimond Frame 1] 레이어를 Ctrl 을 누른 채 클릭하여 선택을 해제합니다. ❺ 같은 방식으로 드래그해 다이아몬드 모양의 셰이프를 더 만들어줍니다. 이런 식으로 디자인의 밀도를 채워주면 완성도를 높일 수 있습니다.

Photo Filter로 손쉽게 색 보정하기

21 마지막으로 전체적인 색감을 보정해보겠습니다. ❶ [Layers] 패널 하단의 Create new fill or adjustment Layer ◔를 클릭하고 ❷ [Photo Filter]를 클릭합니다. ❸ [Properties] 패널에서 [Filter]를 [Violet]으로 설정합니다. 전체적인 색감이 보라색으로 변경됩니다. 이 기능을 활용하면 아주 쉽게 색을 보정할 수 있습니다.

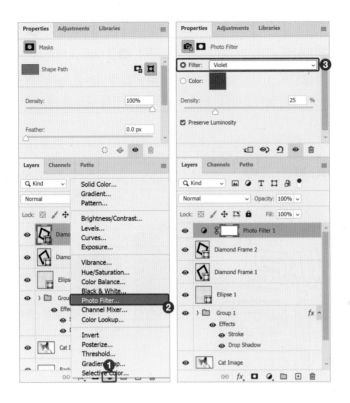

22 콘텐츠에 어울리는 타이포 디자인이 완성되었습니다.

STEP 06

손글씨 느낌의
타이포로 섬네일 만들기

파일 Part 02/Chapter 01/타이포_예제3_준비.psd, Finder.png, 타이포_예제3_완성.psd

학습 내용 ● Paragraph Text를 활용해 텍스트 배치하기

● Blend Mode로 텍스트와 이미지를 조화롭게 만들기

핵심 기능 Paragraph Text(문단 크기 조정), Subject(선택 영역 지정), Blend Mode, Photo Filter

상세한 디자인

제안서 디자인

제안 특징 분석

타이포 디자인

컬러 디자인

레이아웃 디자인

상세한 타이포 디자인

디자인 트렌드

글자의 폰트와 자간 조정하기

01 Ctrl + O 를 눌러 **타이포_예제3_준비.psd** 파일을 불러옵니다.

TIP 기본으로 적용되어 있는 폰트는 '배달의 민족 도현체'이며 무료로 다운로드할 수 있습니다.

02 ❶ [세계 여행을 가야 하는 이유] 문자 레이어를 마우스 오른쪽 버튼으로 클릭하고 ❷ [Convert to Paragraph Text]를 클릭합니다.

TIP Paragraph Text는 지정한 크기만큼의 범위에만 글자를 입력해야 할 때 사용합니다.

03 ❶ 문자 도구 T를 클릭합니다. ❷ '세계 여행을 가야 하는 이유'를 클릭하면 조절점이 생기고 이 조절점 안으로만 글자가 보이게 됩니다.

04 ❶ 왼쪽과 ❷ 오른쪽 조절점을 드래그해 크기를 약간만 줄입니다. ❸ 아래쪽 조절점은 아래로 드래그해 크기를 약간만 키웁니다.

세부 목차 디자인

채널 트렌드 디자인

채널 특징 분석

타이포 디자인

컬러 디자인 팁

레이아웃 디자인

손쉬운 캐릭터 제작

디자인 트렌드

05 ❶ 문자 도구 T가 선택된 상태로 ❷ 글자를 전부 드래그해서 선택합니다. ❸ [Paragraph] 패널에서 가장 오른쪽에 있는 양쪽 정렬■을 클릭합니다.

TIP [Paragraph] 패널이 보이지 않는다면 [Window]-[Paragraph] 메뉴를 클릭해 체크합니다.

06 자간을 조정해보겠습니다. ❶ '여행을' 뒤쪽에서 Enter 를 눌러 줄을 바꿉니다. ❷❸ 표시된 지점에서 Spacebar 를 눌러 띄어쓰기도 해줍니다. ❹ 표시된 지점은 Spacebar 를 두 번 눌러 띄어쓰기를 두 번 합니다.

07 ❶문자 도구 T 가 선택된 상태로 ❷ 글자를 전부 드래그해서 선택합니다. ❸ [Character] 패널에서 여행 콘텐츠에 어울리는 손글씨 폰트인 [tvN Enjoystories]로 변경합니다. ❹ 크기는 **120pt**, 행간(줄 간격)은 **200pt**로 설정합니다. ❺ Ctrl + Enter 를 눌러 수정을 완료합니다.

TIP [Character] 패널이 보이지 않는다면 [Window]–[Character] 메뉴를 클릭해 체크합니다.

TIP 'tvN Enjoystories'는 '즐거운 이야기체'입니다. 무료로 다운로드해 사용할 수 있습니다.

이미지의 선택 영역 잘라서 복사하기

08 이미지의 선택 영역만 잘라서 복사해보겠습니다. ❶ [Image] 레이어를 클릭하고 ❷ [Select]–[Subject] 메뉴를 클릭합니다. 사람 영역 주변에만 윤곽선이 생기는 것을 확인할 수 있는데, 이 영역만 선택된 상태입니다.

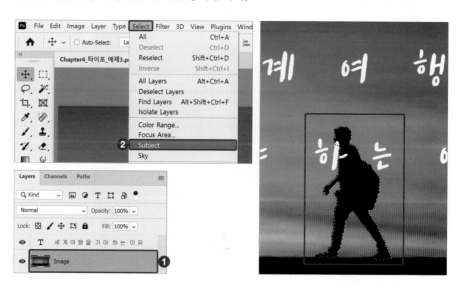

09 ❶ Ctrl + J 를 누르면 선택 영역만 잘라서 복사됩니다. ❷ 복사한 [Layer 1] 레이어를 맨 위로 드래그합니다. 글자가 사람 이미지 아래로 배치되면서 공간감이 형성됩니다. ❸ 문자 레이어를 클릭하고 ❹ [Blend Mode]를 [Overlay]로 설정합니다. 색이 혼합되면서 텍스트와 이미지가 조화롭게 보입니다.

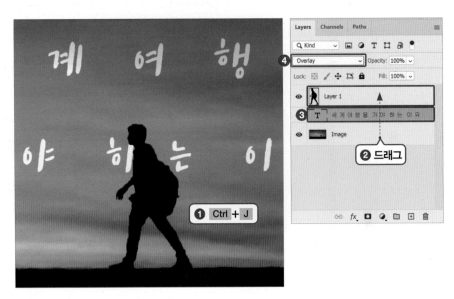

> **TIP** Ctrl + J 는 선택 영역을 잘라서 복사하는 기능의 단축키입니다.

> **TIP** 레이어의 섬네일이 위와 같이 보이지 않는다면 레이어 섬네일을 마우스 오른쪽 버튼으로 클릭하고 [Clip Thumbnails to Layer Bounds]를 클릭합니다. 영역에 맞춰 섬네일을 확인할 수 있습니다. [Clip Thumbnails to Document Bounds]를 클릭하면 원래대로 되돌립니다.

10 ❶ 문자 도구 T 를 클릭하고 ❷ 가운데에 −DAILY VLOG−를 입력합니다. ❸ 폰트는 [tvN EnjoyStories]로 설정하고 ❹ 자간(글자 간격)은 50으로 설정합니다.

이미지 소스 추가하고 색 보정하기

11 ❶ Ctrl + O 를 눌러 View Finder.jpg 파일을 불러옵니다. ❷ 이동 도구⊕를 클릭합니다. ❸ 이미지를 파일 탭으로 드래그하면 기존의 작업 화면이 나타납니다. ❹ 기존의 작업 화면이 나타나면 아트보드에 드래그해 이미지 소스를 복사해옵니다. 카메라 뷰파인더로 바라보는 느낌을 주어 여행 콘텐츠의 감성을 좀 더 살릴 수 있습니다.

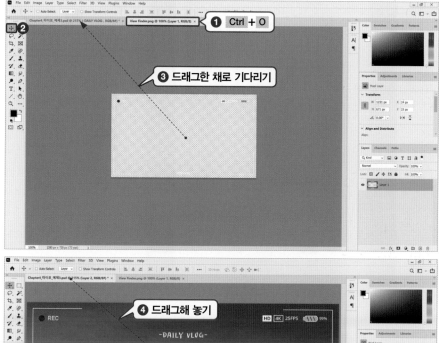

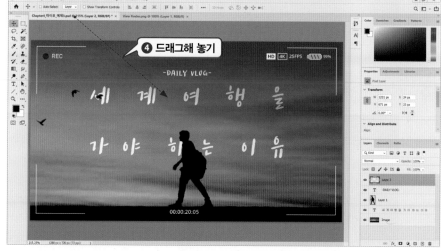

TIP 이미지 소스를 복사해올 때 컬러 세팅이 다르다는 경고 메시지가 나타나면 [OK]를 클릭합니다. 메시지가 나타나지 않으면 그대로 다음 단계를 진행합니다.

12 마지막으로 전체적인 색감을 보정해 몽환적인 느낌을 만들어보겠습니다. ❶ [Layers] 패널 하단의 Create new fill or adjustment Layer ◢를 클릭하고 ❷ [Photo Filter]를 클릭합니다. ❸ [Filter]를 [Magenta]로 설정하고 ❹ [Density]는 70으로 설정합니다. 전체적인 색감이 자주색으로 변경됩니다.

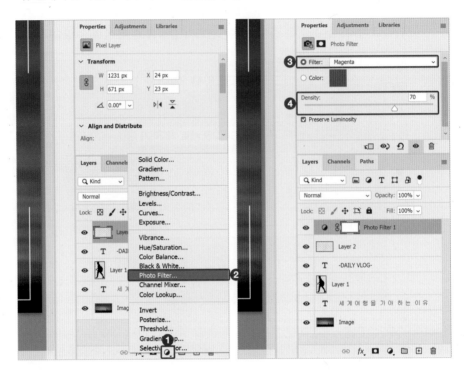

13 손글씨 느낌의 타이포를 활용한 섬네일 디자인이 완성되었습니다.

CHAPTER 02

채널의 아이덴티티를 만드는 컬러 디자인

디자인을 시작할 때 가장 어려운 것 중 하나는 색을 잘 사용하는 것입니다.

색은 특히 시각적인 느낌을 전달할 때 큰 역할을 하는 요소 중 하나이므로 매우 중요합니다.

색을 어떻게 이해하고 어떤 방식으로 적용하면 쉽고 효율적으로 디자인할 수 있는지 알아보겠습니다.

STEP

01

색의 기초 이론
이해하기

채널 디자인에서 색이 중요한 이유

색을 잘 사용하면 시청자에게 채널이 의도하려는 메시지를 잘 전달할 수 있습니다. 색이 주는
시각적인 느낌을 통해 분위기와 무드를 전달할 수 있기 때문입니다. 밝은색은 명랑하고 신나는
느낌을 주고 어두운색은 차분하고 정적인 느낌을 줍니다. 엔터테인먼트, 게임 등의 채널에서는
발랄한 느낌을 주는 색을 주로 사용하고 브이로그, 교육, 리뷰 등의 채널에서는 잔잔하고 점잖
은 느낌을 주는 색을 주로 사용합니다.

▲ 로고에 사용된 색으로 기업의 방향성이나 아이덴티티를 파악할 수 있음

주로 사용하는 색에 따라 채널의 정체성이 정해지고, 이는 곧 브랜딩과도 연결됩니다. 〈JohnKOBA Design〉 채널은 시청자에게 신뢰감과 세련된 느낌을 주기 위해 파란색 계열을 주로 사용합니다. 이처럼 채널을 어떤 분위기로 만들지, 시청자에게 어떤 느낌을 줄지 정할 때 색은 큰 역할을 합니다. 색이 채널의 아이덴티티를 결정한다고 해도 과언이 아닙니다.

▲ 신뢰감과 세련된 느낌을 주기 위해 채널 디자인에 파란색을 주로 사용하는 〈JohnKOBA Design〉 채널

색의 3속성 이해하기

색에 관한 기초 지식부터 알아보겠습니다. 색의 3속성을 이해해두면 색을 활용하기 훨씬 더 수월해집니다. 색의 3속성은 다음과 같이 세 가지로 구성되며, 모두 색을 구별하는 데 필요한 요소들입니다.

❶ 색상
❷ 명도
❸ 채도

01 색상

색상(hue)은 고유 특성으로 색 자체를 구별하는 속성입니다. 흔히 알고 있는 빨간색, 노란색, 초록색, 파란색, 보라색 등을 말합니다. 색상에 따라 이미지나 타이포의 느낌이 완전히 달라지므로 색의 3속성 중 가장 기준이 되는 요소입니다.

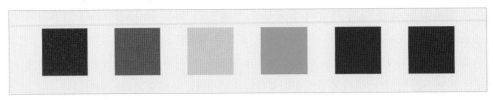

▲ 고유 특성으로 색 자체를 구별하는 색상

빨간색 계열은 콘텐츠를 자극적으로 보이게 하거나 무언가를 강조할 때 자주 활용하는 색이므로 엔터테인먼트, 게임, 키즈 채널 등에서 주로 사용합니다. 파란색 계열은 신뢰감을 줄 때 자주 활용하는 색이므로 뉴스, 교육, 정보 채널 등에서 주로 사용합니다. 콘텐츠와 어울리는 색을 선정하는 방법은 155쪽에서 더 자세히 알아보겠습니다.

▲ 〈캐리TV 장난감친구들〉 채널의 로고처럼 재미있어 보이는 느낌을 주거나 시선을 끌어야 할 때 빨간색 계열을 사용하곤 함

02 명도

명도(brightness)는 색의 밝고 어두운 정도를 말합니다. 흰색에 가까울수록 명도가 높고, 검은색에 가까울수록 명도가 낮습니다. 명도가 높으면 상쾌하고 명랑한 느낌을 표현할 수 있고, 명도가 낮으면 차분하고 점잖은 느낌을 표현할 수 있습니다.

▲ 색의 밝고 어두운 정도를 나타내는 명도

유튜브에서 심플함과 세련미를 표현할 때는 흰색과 검은색의 명도 차이를 이용한 디자인을 많이 활용합니다. 특히 일상이나 정보, 브이로그 등 담담하게 풀어내는 콘텐츠를 다룰 때 명도를 조절해 차분한 검은색이나 흰색을 사용하곤 합니다.

▲ 〈이연LEEYEON〉 채널은 그림을 그리며 담담하게 본인의 철학을 풀어내는 콘텐츠를 다루며, 대부분 명도의 차이만을 활용해 디자인함

03 채도

채도(saturation)는 색의 선명한 정도를 말합니다. 채도가 높으면 눈에 잘 띄고, 채도가 낮으면 상대적으로 묻혀 보입니다. 유튜브에서는 가급적 채도가 높은 색을 사용하는 편이 좋지만, 과하게 사용하면 자칫 산만해 보일 수 있으니 강조할 부분에만 채도를 높여야 합니다.

▲ 색의 선명한 정도를 나타내는 채도

채도가 높을수록 색이 선명하고 상대적으로 시선을 집중시키는 효과가 있습니다. 다음과 같이 채도가 낮은 색과 채도가 높은 색을 같이 두었을 때 채도가 높은 쪽이 눈에 더 잘 띕니다.

▲ 상대적으로 채도가 낮은 로고(왼쪽)보다는 채도가 높은 로고(오른쪽)가 눈에 더 잘 들어옴

STEP 02

색은 덜어낼수록
힘이 생긴다

시청자의 시선을 사로잡는 색 활용 방법

〈JohnKOBA Design〉 채널의 콘텐츠 중 '디자인 참견러' 시리즈가 있습니다. '디자인 참견러' 시리즈는 더 나은 디자인을 위해 직접 디자인 변경 작업을 시연하며 조언과 노하우 등의 도움을 주는 콘텐츠입니다. 이 콘텐츠를 제작하며 초보 디자이너 또는 초보 유튜버가 디자인할 때 가장 많이 하는 실수가 무엇인지 알게 되었습니다. 바로 색을 너무 과하게 사용한다는 것입니다.

▲ 한 프레임 안에 너무 많은 색을 사용하면 시선이 분산되고 자칫 디자인이 촌스러워질 수 있는데, 간결하게 포인트 컬러를 활용하면 주목도가 높아짐

색을 많이 넣으면 넣을수록 디자인이 화려해져 시청자의 시선을 끌 것이라고 생각할 수 있지만, 오히려 색을 덜어내고 포인트 컬러로 사용해야 시선을 사로잡을 수 있습니다. 전체적으로는 흰색이나 검은색 등 무채색 계열을 사용하고 한두 가지의 색만을 포인트 컬러로 활용해 디자인을 완성하는 것이죠. 즉 프레임 안에 여러 색을 가득 채워 넣는 것이 아니라 최대한 색을 적게 사용하면서 중요한 부분만 강조하는 방식을 이용해야 합니다.

▲ 사진을 사용하더라도 한 가지 색에 집중할 수 있도록 디자인하면 시청자들의 시선을 원하는 곳으로 움직이게 할 수 있음

지금부터 색을 활용할 때 꼭 알아두어야 할 네 가지 전략을 설명하겠습니다. 색만 잘 활용해도 훨씬 더 고급스럽고 매력적인 디자인을 만들 수 있으며, 시청자의 시선도 사로잡을 수 있습니다.

01 흰색과 검은색을 적극 활용하기

모든 디자인에서 가장 기본이 되는 색은 흰색과 검은색입니다. 흰색이나 검은색과 같은 무채색 계열은 튀거나 지저분해 보이지 않습니다. 그렇기 때문에 이 두 가지 색만 잘 사용해도 세련된 채널 디자인을 표현할 수 있고, 타이포도 더욱 매력적으로 조합시킬 수 있습니다. 또한 포인트 컬러를 사용할 때도 흰색과 검은색을 바탕으로 시작해야 합니다. 흰색과 검은색은 어떤 색과도 잘 어울리기 때문입니다.

▲ 흰색과 검은색만을 사용한 로고

특히 로고는 프로필 사진에 작은 크기로 들어가기 때문에 색을 최소한으로 사용하는 편이 좋습니다. 따라서 흰색과 검은색만으로 디자인하면 심플하면서도 주목도가 높은 로고를 만들 수 있습니다.

02 색의 대비를 활용하기

색의 대비를 활용하는 방식은 이미지에 많이 활용된 색과 반대되는 색을 사용해 중요한 부분을 강조하는 것입니다. 색의 대비, 즉 밝고 어두움의 차이를 이용해 디자인하면 개성과 세련된 느낌을 둘 다 잡을 수 있습니다. 이렇게 대비를 이루는 색을 보색이라고 하는데, 보색을 활용하면 약간의 언밸런스한 느낌을 통해 오히려 주목도를 높이는 효과를 거둘 수 있습니다.

▲ 색의 대비를 활용한 로고

03 색은 한 프레임에 두 가지만 사용하기

로고나 섬네일을 만들 때 글자나 배경에 색을 과하게 넣으면 콘텐츠가 강조되기는커녕 시선을 어디에 두어야 할지 모르게 되어 시청자의 눈이 불편해집니다. 콘텐츠를 클릭해 시청하게 만들기 위해서는 중요한 곳에만 하나의 포인트 컬러를 사용해 시선을 집중시켜야 합니다. 이를테면 빨간색 하나만 사용하거나 파란색 하나만 사용하는 등 강조하는 색은 여러 색을 섞어 쓰지 않도록 합니다. 특정한 경우에는 여러 색을 사용해도 괜찮지만, 이때는 여러 색이 보일 듯 말 듯 하게 사용해야 미적으로 아름답습니다.

04 색을 최소화해 심플하게 디자인하기

1990년대에는 화려한 디자인이 정석이나 다름없었지만, 현재는 필요한 곳에만 아주 작게 디자인 요소를 넣는 방식을 주로 사용합니다. 이를 심플 혹은 미니멀 디자인이라고 합니다. 여러 색이나 타이포 디자인, 작은 디자인 요소들을 덜어내고 꼭 필요한 곳에만 알맞게 배치하는 것이 중요합니다. 앞서 언급한 포인트 컬러와 일맥상통하는 부분이죠. 이래도 되나 싶을 정도로 디자인 요소들을 덜어내면서 최소한의 디자인으로 완성시킨 콘텐츠가 보기에 편하고 집중도 잘 된다는 사실을 꼭 기억하길 바랍니다.

▲ 왼쪽은 색을 최소화한 로고, 오른쪽은 오브젝트를 최소화해 심플하게 만든 로고

로고 예시에서도 알 수 있듯이 오브젝트와 색을 많이 사용하면 피로감이 느껴지고 시선이 분산되므로 색이나 디자인을 최대한 단순화해야 합니다.

유튜브 디자인

채널별 디자인

채널 특성 분석

디자인 디자인

컬러 디자인

레이아웃 디자인

유튜브 디자인

디자인 트렌드

STEP 03

색의 특징을 이해하고 적재적소에 사용하기

콘텐츠와 조화롭게 어울리는 색 선정 방법

이제 여러분의 채널에 어떤 색을 주로 사용할지 생각해보겠습니다. 무조건 내가 좋아하는 색을 사용하기보다 채널의 성격에 맞으면서 시선을 사로잡을 수 있는 색을 선정해야 합니다. 앞서 간단히 이야기했지만 색은 채널 디자인뿐 아니라 콘텐츠에도 영향을 미칩니다. 따라서 채널의 카테고리를 고려해 어울리는 색을 사용하면 각 채널에 맞는 디자인을 만들어갈 수 있습니다.

▲ 색을 보는 감각을 키우고 채널에 적용시켜야 목적성이 뚜렷한 채널 디자인을 만들 수 있음

다만 엔터테인먼트 채널이나 키즈 채널에서 빨간색 계열이 많이 쓰인다고 해서 같은 카테고리의 채널을 운영할 때 무조건 빨간색만 사용해야 하는 것은 아닙니다. 콘텐츠와 어울리는 메인색은 기본으로 두고, 여기에 추가로 사용할 나만의 색을 찾아갑니다. 다른 채널도 마찬가지입니다. 그러면 지금부터 콘텐츠와 조화롭게 어울리는 색 선정 방법을 함께 알아보겠습니다. 가장 많이 사용되는 다음 색들을 기준으로 알아봅니다.

❶ 빨간색

❷ 초록색

❸ 파란색

❹ 흰색과 검은색

❺ 그 외의 색

01 빨간색

빨간색은 자극적인 색을 대표하는 만큼 시선을 끌기 상당히 좋은 색입니다. 최대한 시선을 끌어야 하는 엔터테인먼트 채널에서 많이 사용하며, 식욕을 자극해야 하는 먹방 채널에서도 많이 사용합니다.

▲ 섬네일에 사용된 이미지와 어울리는 색을 선정해 만든 섬네일 디자인

주의할 점은 눈을 아프게 하는 채도로는 사용하지 않아야 한다는 점입니다. 빨간색 계열이면서도 눈이 불편하지 않은 본인만의 색을 찾아야 합니다. 빨간색과 비슷한 계열의 색인 주황색이나 노란색 등을 함께 사용하는 것도 방법입니다. 키즈나 게임 채널의 경우 빨간색과 더불어 다른 다양한 색을 조합해도 그다지 지저분해 보이지 않으며, 오히려 채널의 성격과 잘 어울린다는 느낌을 줄 수 있습니다.

▲ 주황색과 노란색 등의 자극적인 컬러는 먹방 채널 섬네일 디자인에 잘 어울림

앞서 자극적인 색을 별로 사용하지 않는다고 했던 교육이나 브이로그 등의 채널에서 빨간색을 사용하고 싶다면 포인트로 적재적소에만 사용하는 편이 좋습니다.

▲ 많은 오브젝트나 다양한 색을 활용하면 시선이 분산되므로 강조하는 문구에만 자극적인 빨간색을 사용함

02 초록색

색만 봐도 건강한 느낌이 묻어나는 초록색은 연령대가 어느 정도 있는 구독자를 대상으로 한 건강, 다이어트, 부동산 채널에서 많이 사용합니다. 차분한 느낌을 주기 때문에 예능처럼 발랄한 콘텐츠보다는 정적인 콘텐츠에 잘 어울립니다.

▲ 콘텐츠의 주제에 맞는 색을 선정해 사용하면 내용 전달이 훨씬 잘 되고 콘텐츠와 조화롭게 어우러져 편안한 느낌을 줌

초록색을 포인트 컬러로 사용할 수도 있습니다. 채도와 명도를 높인 초록색은 빨간색만큼이나 시선을 집중시키기 때문입니다.

▲ 타깃의 연령대가 높은 콘텐츠는 초록색을 강하고 밝게 만들어 시선을 집중시키는 경우가 많음

03 파란색

파란색은 〈JohnKOBA Design〉 채널에서 주로 사용하는 색으로, 교육이나 정보 채널 콘텐츠에 사용하면 잘 어울립니다. 또한 눈을 편안하게 하고 신뢰감을 주는 색이기 때문에 뉴스에서도 많이 사용합니다.

▲ 뉴스와 같이 신뢰가 중요한 채널에서는 위 예시와 같은 파란색을 많이 사용함

파란색은 시원시원하고 세련된 느낌을 전달하기도 해서 〈JohnKOBA Design〉 채널의 방향성인 '쉽게 알려주는 디자인 채널'과도 잘 어울립니다. 무거운 느낌을 주지 않기 때문이죠. 이처럼 각자의 채널 성격과 방향을 잘 파악해서 색을 정해야 채널의 아이덴티티를 확립할 수 있습니다.

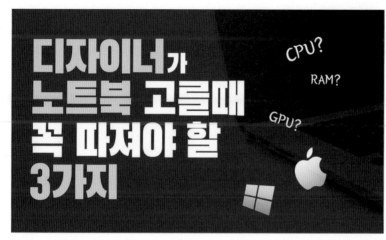

▲ 〈JohnKOBA Design〉 채널의 실제 섬네일 디자인으로, 신뢰감을 주어 정보 전달이라는 목적에 잘 부합함

04 흰색과 검은색

여러분이 앞으로 가장 많이 사용해야 하는 색은 바로 흰색과 검은색입니다. 앞서 이야기했듯이 흰색이나 검은색과는 어떤 색을 함께 사용해도 잘 어울리고 편안합니다. 어떤 색을 사용할지 고민이라면 먼저 흰색과 검은색 위주로 디자인해보기를 추천합니다. 이후에 본인의 색을 조금씩 추가하며 조합해나간다면 채널 디자인을 완성하기 훨씬 수월해집니다.

▲ 〈숫뚜sueddu〉 채널의 콘텐츠처럼 브이로그 채널의 섬네일에서는 흰색과 검은색으로 심플함을 강조하는 경우가 많으며 편안한 느
낌으로 디자인함

05 그 외의 색

색마다 고유의 특징이 있습니다. 노란색은 밝은 느낌을 주어 키즈 채널에서 주로 사용합니다. 보라색은 특별히 메인으로 사용하는 채널이 별로 없으며 보라색을 사용하고 싶다면 차라리 파란색을 사용하거나 파란색과 함께 사용하는 편이 나을 수 있습니다. 그 외에 다른 색을 사용해도 되지만, 위에서 설명한 색들을 바탕으로 메인 색을 정한 후 나만의 색을 더해나가는 편이 좋습니다.

STEP 04

콘셉트에 맞는 색으로
배너 이미지 만들기

파일 Part 02/Chapter 02/컬러_예제1_준비.psd, 컬러_예제1_완성.psd

학습 내용
- 채널 콘셉트에 어울리는 컬러로 디자인하기
- 글자를 입력해 레이어드 타이포 디자인하기
- Pattern Overlay를 활용해 패턴 삽입하기

핵심 기능   사용자 정의 셰이프 도구, 선 셰이프 도구, Skew(기울기 조정), Pattern Overlay

유튜브 디자인

채널별 디자인

채널 특징 분석

타이포 디자인

컬러 디자인

레이아웃 디자인

유튜브 브랜딩

디자인 트렌드

글자를 입력해 레이어드 타이포 디자인하기

01 Ctrl + O 를 눌러 **컬러_예제1_준비.psd** 파일을 불러옵니다.

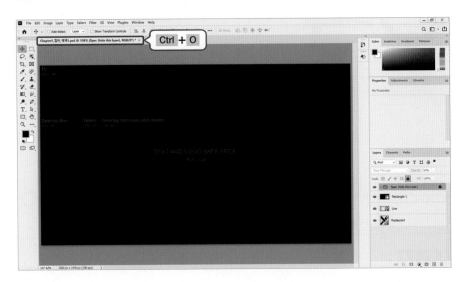

> **TIP** 유튜브 배너 이미지 가이드인 [Spec (hide this layer)] 레이어 그룹이 포함되어 있습니다. 눈 👁 을 클릭하면 가이드를 숨기거나 나타나게 할 수 있습니다.

02 ❶ [Rectangle 1] 레이어의 섬네일 부분을 더블클릭합니다. ❷ [Color Picker] 대화상자가 나타나면 어두운 빨간색(#7B0909)으로 설정하고 ❸ [OK]를 클릭합니다.

> **TIP** 다른 색을 사용해도 되지만, 먹방 채널의 배너 이미지를 만들 것이므로 자극적인 먹방 콘텐츠에 어울리는 빨간색 계열로 설정해보았습니다.

03 ① 문자 도구 T 를 클릭한 후 ② 가운데에 드래그하여 텍스트 상자를 만들고 ③ 먹방러
를 입력합니다. ④ [Character] 패널에서 폰트는 고딕 폰트인 [RixBlackSans]로 변경
합니다. ⑤ 크기는 35pt로 지정하고 ⑥ [Color]를 클릭합니다. ⑦ [Color Picker] 대화
상자가 나타나면 배경과 대비되는 진한 노란색(#FFAE12)으로 설정한 후 ⑧ [OK]를
클릭합니다.

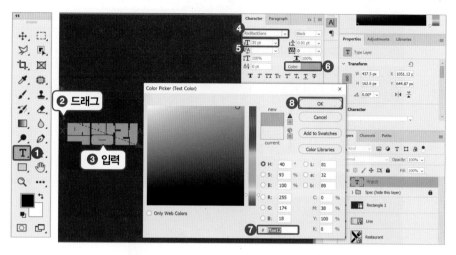

> **TIP** 'RixBlackSans'는 'Rix블랙산스체'입니다. 유료 폰트라 RixFont클라우드(www.rixfontcloud.com)에서 폰트 서비스
> 를 정기 구독한 후 사용할 수 있습니다. 다른 무료 고딕 폰트를 사용해도 되는데, 폰트를 다르게 설정했다면 폰트에 따라
> 글자 크기가 다르기 때문에 임의로 적당한 크기를 설정합니다.

04 ① [먹방러] 문자 레이어를 더블클릭합니다. ② [Layer Style] 대화상자가 나타나
면 [Stroke]를 클릭하고 ③ [Size]는 4, [Position]은 [Outside], [Blend Mode]는
[Normal], [Opacity]는 100으로 설정합니다. ④ [Color]는 검은색(#000000)으로
설정하고 ⑤ [OK]를 클릭합니다.

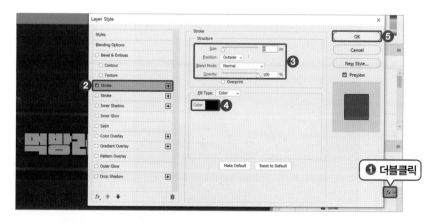

> **TIP** [Layer Style] 대화상자를 불러오려면 레이어를 더블클릭해야 하는데, 이때 레이어의 섬네일이나 이름 부분이 아니라 이
> 름 오른쪽의 빈 영역을 더블클릭해야 합니다. 레이어의 섬네일을 더블클릭하면 [Color Picker] 대화상자가 나타나고, 레
> 이어의 이름을 더블클릭하면 레이어의 이름을 변경할 수 있는 상태가 됩니다.

05 ❶ [먹방러] 문자 레이어를 클릭하고 ❷ Ctrl + T 를 누릅니다. ❸ 오른쪽 중앙의 조절점을 Ctrl 을 누른 채 위쪽으로 드래그해 기울어지게 만듭니다. ❹ 왼쪽 중앙의 조절점도 마찬가지로 Ctrl 을 누른 채 오른쪽으로 드래그해 기울어지게 만듭니다.

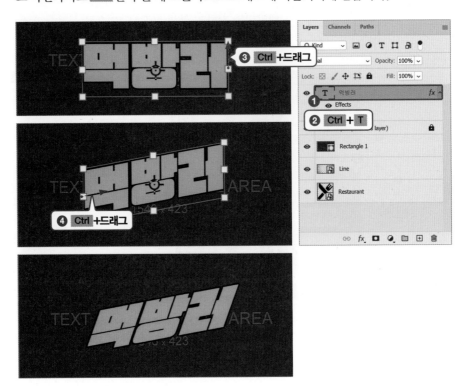

06 입력한 글자를 활용해 레이어드 타이포를 디자인해보겠습니다. ❶ [먹방러] 문자 레이어를 클릭합니다. ❷ 이동 도구 ⊕ 를 클릭하고 ❸ '먹방러'를 Alt 를 누른 채 아래쪽으로 살짝만 드래그해 복제합니다.

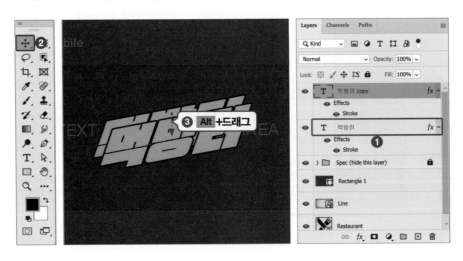

07 ❶ 복제된 [먹방러 copy] 문자 레이어를 [먹방러] 문자 레이어 아래로 드래그하고 ❷ [Character] 패널에서 [Color]를 흰색(#FFFFFF)으로 변경합니다.

08 ❶ 다시 [먹방러] 레이어를 클릭한 후 ❷ 이동 도구⊕를 클릭합니다. ❸ '먹방러'를 Alt 를 누른 채 아래쪽으로 살짝만 드래그해 복제합니다. ❹ 복제된 [먹방러 copy 2] 문자 레이어를 [먹방러 copy] 문자 레이어 아래로 드래그합니다. 세 개의 텍스트가 레이어드된 타이포 디자인이 완성됩니다.

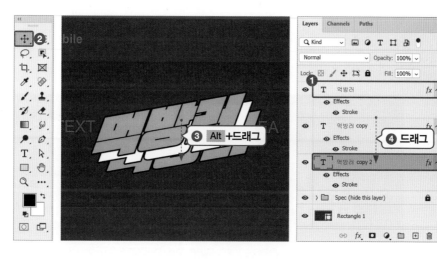

유튜브 디자인!

채널별 디자인!

채널 특징 분석

타이포 디자인!

컬러 디자인!

레이아웃 디자인!

유튜브 브랜딩 전략!

디자인 트렌드

사용자 정의 셰이프 도구로 디자인 요소 추가하기

09 ❶ 사용자 정의 셰이프 도구 🖼를 클릭합니다. ❷ 옵션바에서 [Fill]은 검은색으로 설정하고 [Stroke]는 해제합니다. ❸ [Shape]의 🔽를 클릭합니다. ❹ [Legacy Shapes and More]를 클릭하고 ❺ [All Legacy Default Shapes]를 클릭합니다. ❻ [Nature]를 클릭해 열고 ❼ 번개 모양의 셰이프를 클릭합니다.

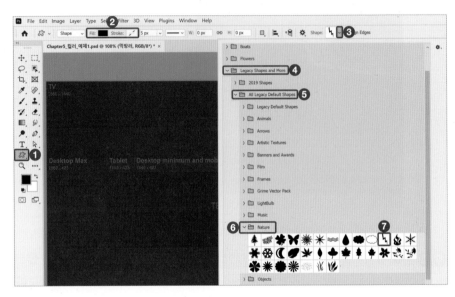

TIP 도구바의 도구를 길게 클릭하거나 마우스 오른쪽 버튼으로 클릭하면 숨겨진 도구들이 나타납니다.

10 ❶ 가운데에 드래그하여 번개 모양의 셰이프를 만듭니다. ❷ Ctrl + T 를 누르고 ❸ 마우스 포인터를 조절점의 왼쪽 상단 바깥쪽에 올려둡니다. 마우스 포인터가 ↻ 모양으로 변경되면 오른쪽으로 살짝 드래그해 셰이프를 회전합니다.

11 ❶ [Lighting 1] 레이어를 [먹방러 copy 2] 문자 레이어 아래로 드래그해 글자를 가리지 않게 합니다. ❷ [Lighting 1] 레이어는 Ctrl 을 누른 채 클릭해 선택을 해제합니다. ❸ [Spec (hide this layer)] 레이어 그룹의 눈 👁️을 클릭해 배너 이미지 가이드가 잠시 보이지 않게 설정합니다.

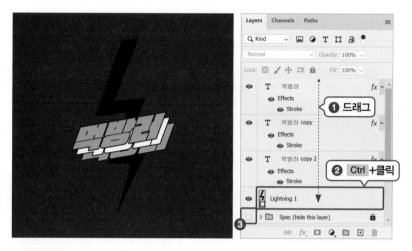

> **TIP** [Lighting 1] 레이어의 선택을 해제하지 않으면 다음 작업에 방해가 될 수 있습니다. 선택된 상태는 선택된 레이어만 짙은 회색으로 나타나는 것을 통해 구분합니다.

글자를 디자인 요소로 활용하기

12 ❶ 사각형 셰이프 도구 ▭를 클릭합니다. ❷ 옵션바에서 [Fill]은 배경색과 같은 어두운 빨간색(#7B0909)으로 설정하고 [Stroke]는 해제합니다. ❸ 가운데에 드래그해 긴 사각형을 만듭니다.

13 ❶ Ctrl + + 를 여러 번 눌러 아트보드를 확대한 후 ❷ 문자 도구 T 를 클릭합니다. ❸ [Character] 패널에서 폰트는 [Gmarket Sans TTF]로 설정하고 ❹ 자간은 **500**으로 지정한 후 ❺ [Color]는 '먹방러'와 동일한 진한 노란색(**#FFAE12**)으로 설정합니다. ❻ 방금 만든 긴 사각형 위에 드래그해 **#패스트푸드 #삼겹살 #요리 #먹방**을 입력하고 ❼ Ctrl + Enter 를 눌러 글자 입력을 완료합니다.

> TIP 'Gmarket Sans TTF'는 '지마켓 산스체'입니다. 무료로 다운로드해 사용할 수 있습니다.

14 같은 방식으로 번개 모양 셰이프 위에 **프로**를 입력하고, 띄어쓰기로 자간을 적당히 조정합니다.

선 셰이프로 타이포 디자인의 완성도 높이기

15 ❶ 선 셰이프 도구 ✐ 를 클릭합니다. ❷ 옵션바에서 [Fill]은 해제하고 [Stroke]는 흰색 (#FFFFFF), 3px로 설정합니다. ❸ '프'와 '로' 사이에 드래그해 선 셰이프를 만듭니다.

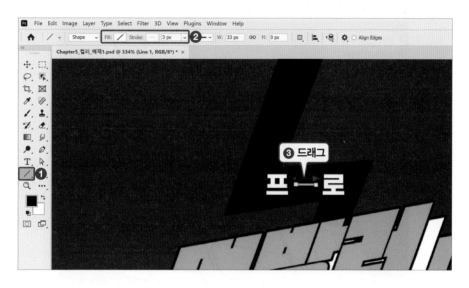

16 레이어드 타이포 디자인에도 선 셰이프를 추가해 완성도를 높여보겠습니다. ❶ 펜 도구 ✐ 를 클릭합니다. ❷ 옵션바에서 [Shape]가 선택되어 있는 것을 확인한 후 ❸ [Fill]은 해제하고 ❹ [Stroke]는 흰색(#FFFFFF), 3px로 설정합니다. ❺ ❻ ❼ 각 지점을 순서대로 클릭해 선 셰이프를 만듭니다. ❽ Ctrl 을 누른 채 아트보드의 빈 영역을 클릭해 선택을 해제합니다.

17 ❶❷ 같은 방식으로 각 지점을 순서대로 클릭해 선 셰이프를 만듭니다. ❸ Ctrl 을 누른 채 아트보드의 빈 영역을 클릭해 선택을 해제한 후 ❹❺ 한 번 더 같은 방식으로 각 지점을 순서대로 클릭해 선 셰이프를 만듭니다. ❻ Ctrl 을 누른 채 아트보드의 빈 영역을 클릭해 선택을 해제합니다. 레이어드된 타이포 디자인의 완성도가 높아졌습니다.

18 ❶ Ctrl + 0 을 눌러 배너 이미지의 전체 모습을 확인합니다. ❷ [Spec (hide this layer)] 레이어 그룹의 눈 👁 을 클릭해 배너 이미지 가이드가 다시 나타나게 합니다. ❸ [Line] 레이어를 클릭하고 ❹ Ctrl + Shift +] 를 눌러 가장 위쪽으로 올립니다.

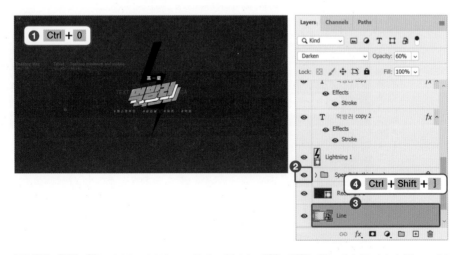

TIP Ctrl + Shift +] 는 레이어를 가장 위쪽으로 올리는 단축키이고, Ctrl + Shift + [는 레이어를 가장 아래쪽으로 내리는 단축키입니다.

Pattern Overlay를 활용해 패턴 삽입하기

19 패턴을 등록해보겠습니다. [Restaurant] 레이어의 섬네일 부분을 더블클릭해 패턴으로 사용할 포크와 나이프 이미지 레이어로 들어갑니다.

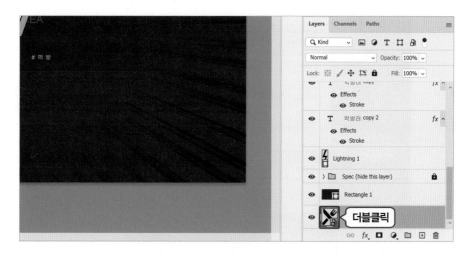

20 ❶ [Edit]−[Define Pattern] 메뉴를 클릭합니다. ❷ [Pattern Name] 대화상자가 나타나면 [OK]를 클릭해 포크와 나이프 이미지를 패턴으로 등록합니다. ❸ 파일 탭을 클릭해 다시 기존의 작업 화면으로 되돌아갑니다.

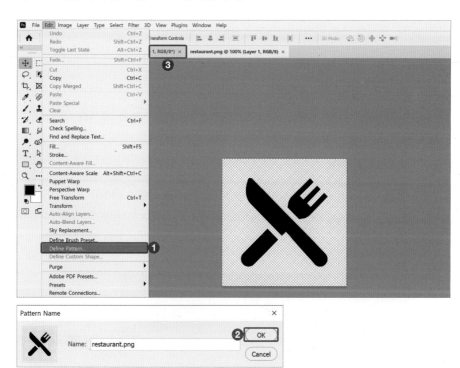

21　❶ [Rectangle 1] 레이어를 더블클릭합니다. ❷ [Layer Style] 대화상자가 나타나면 [Pattern Overlay]를 클릭하고 ❸ [Pattern]의 ⬇를 클릭합니다. ❹ 방금 등록한 포크 와 나이프 이미지 패턴을 클릭합니다.

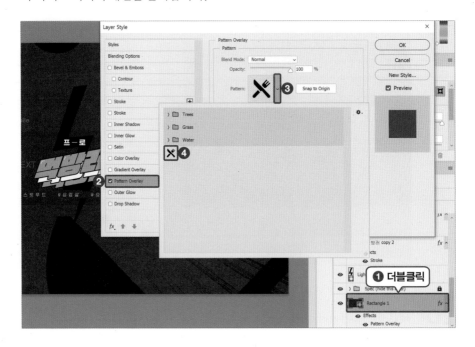

22　[Blend Mode]는 [Normal], [Opacity]는 **15**, [Angle]은 **0**, [Scale]은 **11**로 설정합니다. 다. 배경에 옅은 패턴이 삽입되었습니다.

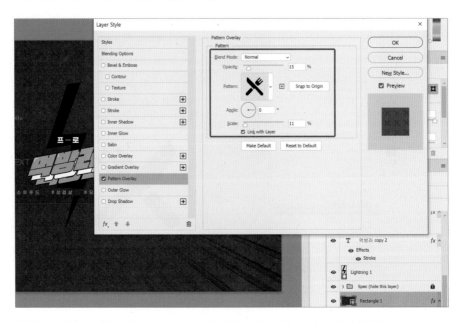

TIP [Opacity], [Angle], [Scale] 등의 수치는 꼭 동일하지 않아도 됩니다. 상황에 맞게 변경해 디자인합니다.

23 ❶ [Lighting 1] 레이어를 클릭하고 ❷ Shift 를 누른 채 [Shape 3] 레이어를 클릭합니다. [Lighting 1] 레이어와 [Shape 3] 레이어 사이에 있는 레이어까지 전부 선택됩니다. ❸ Ctrl + T 를 누르고 배너 이미지 가이드에 맞춰 크기나 위치를 적절히 조절합니다.

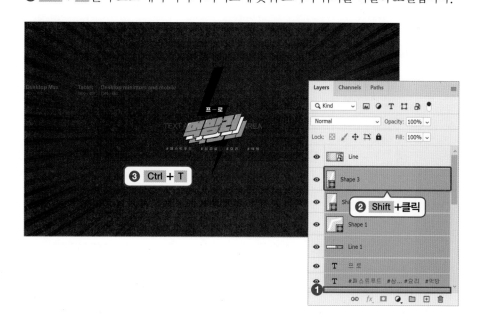

JPG 형식으로 이미지 파일 저장하기

24 ❶ [Spec (hide this layer)] 레이어 그룹의 눈 👁 을 클릭해 다시 보이지 않게 하고 ❷ [File] −[Save As] 메뉴를 클릭합니다.

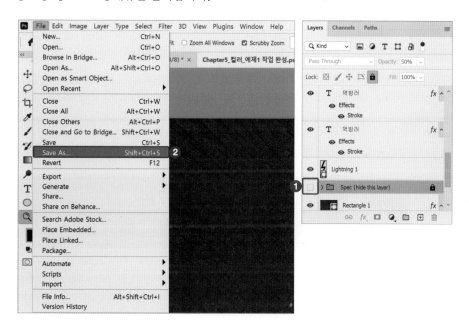

유튜브 디자인

채널 브랜딩 디자인

채널 특징 분석

타이프 디자인

컬러 디자인

레이아웃 디자인

유튜브 배경과 화면

디자인 트렌드

25 [Export] 대화상자가 나타나면 ❶ [파일 이름]에 원하는 파일명을 입력하고 ❷ [파일 형식]은 [JPEG (*JPG, *JPEG, *JPE)]를 선택한 후 ❸ [저장]을 클릭합니다. ❹ [JPEG Options] 대화상자가 나타나면 [Quality]를 가장 높은 **12**로 설정한 후 ❺ [OK]를 클릭합니다.

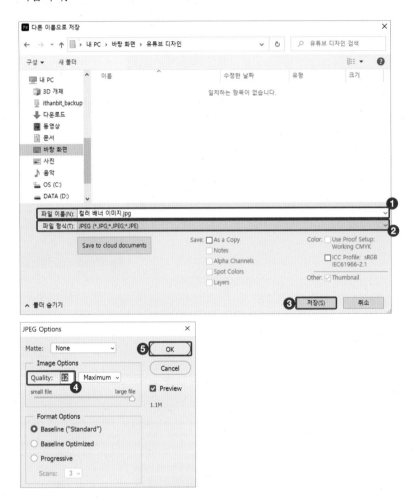

26 먹방 채널과 어울리는 배너 이미지가 완성되었습니다. 유튜브 배너 이미지에 등록하면 다음과 같은 모습으로 확인할 수 있습니다.

STEP **05**

화려한 색을 활용해
배너 이미지 만들기

파일 Part 02/Chapter 02/컬러_예제2_준비.psd, Model-Image.jpg, 컬러_예제2_완성.psd

AFTER

BEFORE

학습 내용
- 화려한 색을 활용해 디자인하기
- Subject로 빠르게 선택 영역 지정하기
- 클리핑 마스크와 레이어 마스크 활용하기

핵심 기능 Subject, Color Balance, Drop Shadow, 클리핑 마스크, 레이어 마스크

이미지의 선택 영역만 자르기

01 Ctrl + O 를 눌러 Model-Image.jpg 파일을 불러옵니다.

> **TIP** 본인 이미지 또는 다른 이미지를 활용해도 좋습니다. 다만 배경색이 균일해야 이미지를 깔끔하게 자를 수 있으니 이 점에 유의해 작업할 이미지를 선택합니다.

02 이미지의 선택 영역만 잘라서 복사해보겠습니다. [Select]-[Subject] 메뉴를 클릭합니다. 사람 영역 주변에만 윤곽선이 생기는 것을 확인할 수 있는데, 이 영역만 선택된 상태입니다.

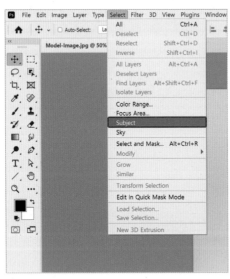

03 [Layers] 패널 하단의 Add a mask 를 클릭하면 선택 영역만 오려냅니다.

04 오려낸 이미지를 복사해 붙여 넣어보겠습니다. Ctrl + O 를 눌러 **컬러_예제2_준비.psd** 파일을 불러옵니다.

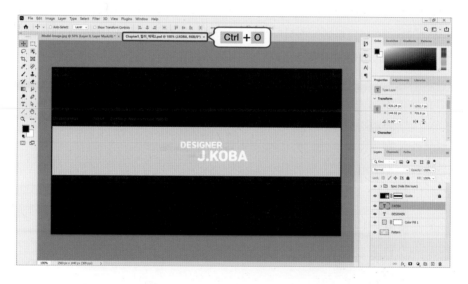

05 ❶ 'Model-Image.jpg'의 파일 탭을 클릭합니다. ❷ [Layer 0] 레이어를 클릭하고 ❸ Ctrl + C 를 눌러 복사합니다.

TIP 레이어가 잠겨 있으면 레이어를 복사할 수 없습니다.

06 ❶ 다시 '컬러_예제2_준비.psd'의 파일 탭을 클릭합니다. ❷ Ctrl + V 를 눌러 복사해 둔 레이어를 붙여 넣습니다. ❸ 복사한 이미지의 레이어가 선택된 상태로 Ctrl + T 를 누르고 ❹❺ 조절점을 드래그해 크기를 줄입니다.

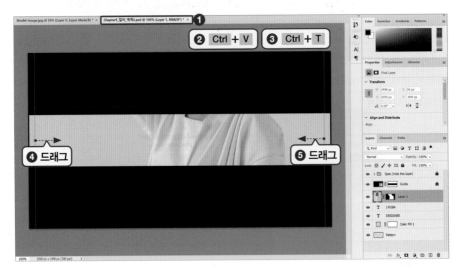

TIP 복사해 붙여 넣은 이미지가 보이지 않는다면 레이어 순서가 위와 동일한지 확인합니다. 레이어 순서가 다르다면 레이어를 드래그해 순서를 조정합니다.

07 ❶ 이미지를 텍스트 왼쪽으로 드래그해 배치한 후 ❷ Enter 를 눌러 수정을 마무리합니다.

레이어 스타일로 이미지 꾸미고 타이포 디자인하기

08 레이어 스타일(Layer Style)을 활용해 이미지를 꾸며보겠습니다. ❶ [Color Fill 1] 레이어의 섬네일 부분을 더블클릭합니다. ❷ [Color Picker] 대화상자가 나타나면 화려해 보이는 하늘색(#8CEBFF)으로 설정하고 ❸ [OK]를 클릭합니다.

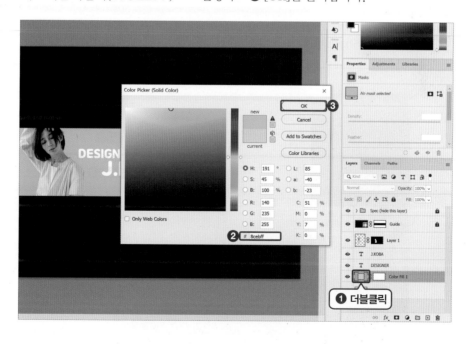

09 ❶ [Layer 1] 레이어를 더블클릭합니다. ❷ [Layer Style] 대화상자가 나타나면 [Drop Shadow]를 클릭하고 ❸ [Blend Mode]는 [Normal], 색은 보라색(#B255F9), [Angle]은 –180, [Distance]는 20, [Spread]와 [Size]는 0으로 설정합니다.

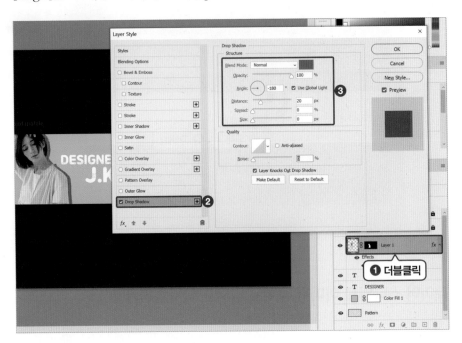

TIP [Layer Style] 대화상자를 불러오려면 레이어를 더블클릭해야 하는데, 이때 레이어의 섬네일이나 이름 부분이 아니라 이름 오른쪽의 빈 영역을 더블클릭해야 합니다. 레이어의 섬네일을 더블클릭하면 [Color Picker] 대화상자가 나타나고, 레이어의 이름을 더블클릭하면 레이어의 이름을 변경할 수 있는 상태가 됩니다.

10 ❶ [Drop Shadow]의 ⊞을 클릭합니다. ❷ 색은 파란색(#2743F0), ❸ [Distance]는 40으로 수정한 후 ❹ [OK]를 클릭합니다.

11 배경색에 맞춰 이미지의 색감을 조정해보겠습니다. [Layer 1] 레이어가 선택된 상태로 ❶ [Image]−[Adjustments]−[Color Balance] 메뉴를 클릭합니다. ❷ [Color Balance] 대화상자가 나타나면 [Color Levels]는 0, −10, +50으로 설정합니다.

12 레이어 스타일(Layer Style)을 활용해 타이포 디자인도 해보겠습니다. ❶ [DESIGNER] 문자 레이어를 더블클릭합니다. ❷ [Layer Style] 대화상자가 나타나면 [Color Overlay]를 클릭하고 ❸ 색은 보라색(#B255F9)으로 지정한 후 ❹ [OK]를 클릭합니다.

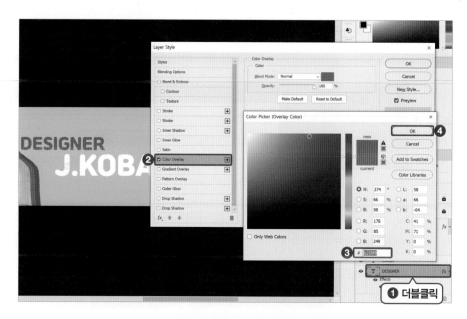

13 글자에 테두리 선을 추가해보겠습니다. ❶ [Stroke]를 클릭합니다. ❷ [Size]는 3, ❸ [Color]는 파란색(#2743F0)으로 설정하고 ❹ [OK]를 클릭합니다.

14 글자에 그림자를 추가해보겠습니다. ❶ [Drop Shadow]를 클릭합니다. ❷ 색은 파란색(#2743F0)으로 지정하고 ❸ [Blend Mode]는 [Normal], [Opacity]는 100, [Angle]은 –180, [Distance]는 10, [Spread]와 [Size]는 0으로 설정한 후 ❹ [OK]를 클릭합니다.

15 ❶ [J.KOBA] 문자 레이어를 더블클릭합니다. ❷ [Layer Style] 대화상자가 나타나면 [Color Overlay]를 클릭하고 ❸ 색을 파란색(#2743F0)으로 지정합니다.

16 ❶ [Stroke]를 클릭하고 ❷ [Size]는 3, ❸ [Color]는 흰색(#FFFFFF)으로 설정합니다.

17 ❶ [Drop Shadow]를 클릭합니다. ❷ 색은 흰색(#FFFFFF)으로 지정하고 ❸ [Blend Mode]는 [Normal], [Opacity]는 100, [Angle]은 –180, [Distance]는 10, [Spread] 와 [Size]는 0으로 설정한 후 ❹ [OK]를 클릭합니다. 한층 더 화려해진 타이포 디자인 이 완성됩니다.

다양한 셰이프로 디자인 요소 추가하기

18 다양한 셰이프로 디자인 요소를 추가해 완성도를 높여보겠습니다. ❶ 사각형 셰이프 도구 ▭를 클릭합니다. ❷ 옵션바에서 [Fill]은 흰색(#FFFFFF), [Stroke]는 파란색 (#2743F0), 3px로 설정합니다. ❸ 아트보드에 드래그해 'J.KOBA'를 가릴 정도의 크 기로 사각형을 만듭니다.

19 ❶ [Rectangle 1] 레이어를 [J.KOBA] 문자 레이어 아래쪽으로 드래그해 텍스트를 가리지 않게 합니다. ❷ 이동 도구⊕를 클릭하고 ❸ [Rectangle 1] 레이어를 클릭합니다. ❹ 아트보드에서 사각형을 Alt 를 누른 채 오른쪽 아래로 살짝 드래그하여 복제합니다. ❺ [Rectangle 1 copy] 레이어를 [Rectangle 1] 레이어 아래쪽으로 드래그합니다. ❻ 같은 방법으로 사각형을 하나 더 만들어 총 세 개를 만듭니다.

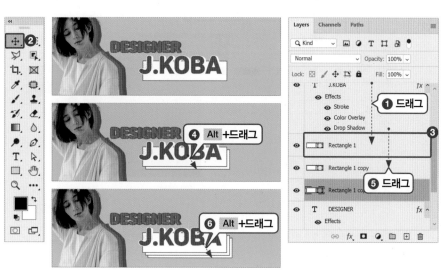

20 ❶ [DESIGNER] 문자 레이어를 클릭하고 ❷ [J.KOBA] 문자 레이어를 Shift 를 누른 채 클릭해 다섯 개의 레이어를 함께 선택합니다. ❸ ← 와 ↑ 를 눌러 적당한 위치로 조정합니다. ❹ [Pattern] 레이어를 [J.KOBA] 문자 레이어 위쪽으로 드래그해 패턴 이미지가 나타나게 합니다.

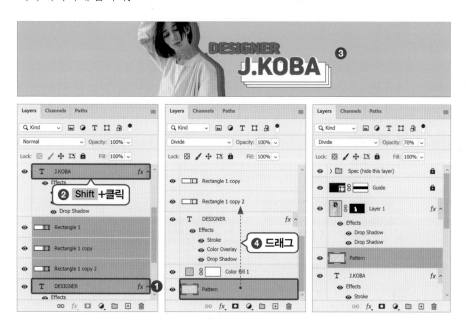

21 ❶ 타원 셰이프 도구□를 클릭합니다. ❷ 옵션바에서 [Fill]은 해제하고 ❸ [Stroke]의 컬러 박스를 클릭한 후 ❹ 컬러 팔레트□를 클릭합니다. ❺ [Color Picker] 대화상자가 나타나면 보라색(#B255F9)으로 지정하고 ❻ [OK]를 클릭합니다. ❼ 선의 두께는 **10px**로 설정합니다.

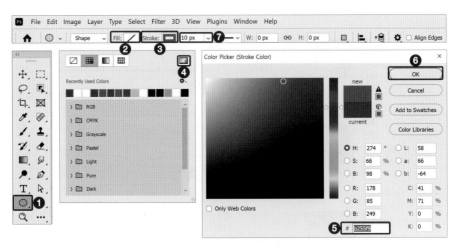

TIP 도구바의 도구를 길게 클릭하거나 마우스 오른쪽 버튼으로 클릭하면 숨겨진 도구들이 나타납니다.

22 ❶ 오른쪽에 Shift 를 누른 채 드래그하여 큰 원을 하나 만듭니다. ❷ 만든 [Ellipse 1] 레이어를 [DESIGNER] 문자 레이어 아래쪽으로 드래그합니다. ❸ [Ellipse 1] 레이어를 클릭해 선택을 해제합니다.

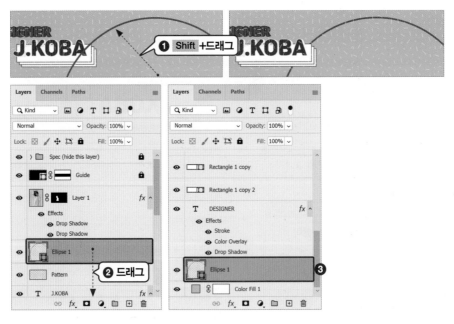

TIP 셰이프를 만들고 나서 선택을 해제하지 않으면 다른 셰이프를 만들려고 설정을 변경했을 때 같은 설정으로 변경됩니다.

23 ❶ 선의 두께를 **5px**로 설정하고 ❷ `Shift` 를 누른 채 드래그하여 'DESIGNER' 위쪽에 작은 원을 만들어줍니다. ❸ `Ctrl` 을 누른 채 [Ellipse 2] 레이어를 클릭해 선택을 해제합니다.

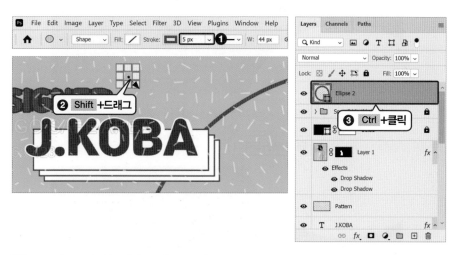

> `TIP` 실수로 잘못 그렸다면 [Edit]–[Undo] 메뉴의 단축키인 `Ctrl` + `Z` 를 눌러 한 단계 앞으로 되돌릴 수 있습니다. `Ctrl` + `Shift` + `Z` 를 누르면 되돌린 작업을 다시 실행합니다.

24 ❶ 옵션바에서 [Fill]은 흰색(**#FFFFFF**)으로 설정하고 [Stroke]는 해제합니다. ❷ `Shift` 를 누른 채 드래그하여 'DESIGNER' 위쪽에 작은 원을 하나 더 그려줍니다. ❸ 만든 [Ellipse 3] 레이어를 `Ctrl` 을 누른 채 클릭해 선택을 해제합니다.

25 ❶ 왼쪽에 Shift 를 누른 채 드래그하여 큰 원을 하나 더 만듭니다. ❷ 만든 [Ellipse 4]
레이어를 [Layer 1] 레이어 아래쪽으로 드래그합니다. 디자인 요소가 추가되면서 전체
적으로 완성도가 높아졌습니다.

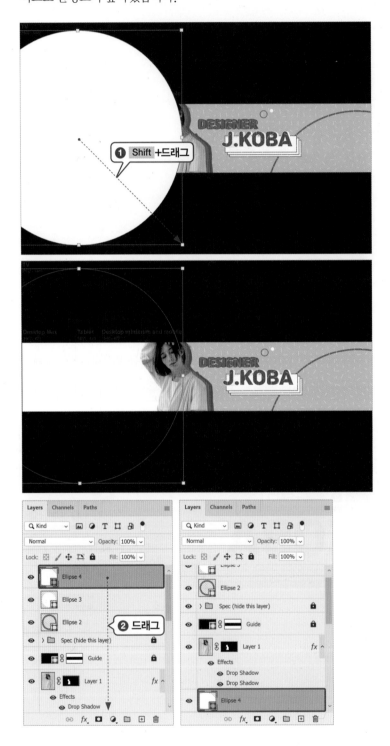

클리핑 마스크와 레이어 마스크 활용해 완성도 높이기

26 ❶ [Pattern] 레이어를 클릭하고 ❷ Alt 를 누른 채 [Ellipse 4] 레이어 위쪽으로 드래그해 복제합니다.

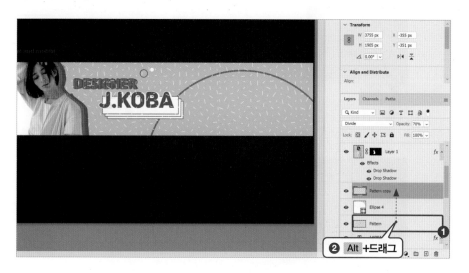

27 ❶ [Pattern copy] 레이어를 마우스 오른쪽 버튼으로 클릭한 후 ❷ [Create Clipping Mask]를 클릭합니다. [Pattern copy] 레이어의 섬네일 앞에 ↓이 나타나고 [Pattern copy] 레이어는 [Ellipse 4] 레이어에 귀속됩니다.

> **TIP** 클리핑 마스크(Clipping Mask) 기능을 활용하면 바로 아래에 있는 레이어에 귀속됩니다. 레이어의 위치 또는 크기를 조정해도 기준이 된 레이어 안쪽에서만 수정됩니다.

채널 로고 디자인

채널 배너 디자인

채널 특징 분석

타이틀 디자인

컬러 디자인

레이아웃 디자인

영상 클립과 디자인 활용

디자인 트렌드

28 ❶ [Pattern copy] 레이어를 더블클릭합니다. ❷ [Layer Style] 대화상자가 나타나면 [Color Overlay]를 클릭하고 ❸ 색은 하늘색(#8CEBFF)으로 설정한 후 ❹ [OK]를 클릭합니다.

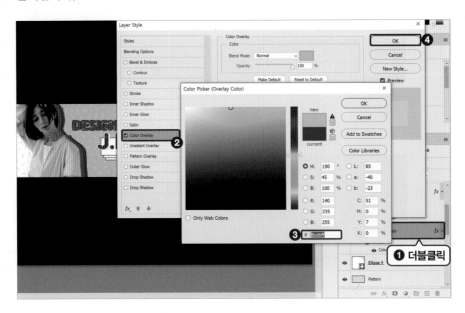

29 ❶ [Spec (hide this layer)] 레이어 그룹의 눈 을 클릭해 보이지 않게 합니다. ❷ [Guide] 레이어의 눈 도 클릭해 보이지 않게 합니다. ❸ [Layer 1]를 클릭한 후 ❹ Ctrl + G 를 눌러 그룹으로 묶어줍니다.

30 ❶ 그레이디언트 도구 ▣를 클릭하고 ❷ 전경색은 검은색(#000000), ❸ 배경색은 흰색(#FFFFFF)으로 지정합니다. ❹ [Group 1] 레이어 그룹을 클릭하고 ❺ [Layers] 패널 하단의 Add a mask ▣를 클릭해 레이어 마스크를 추가합니다. ❻ 옵션바에서 ▾를 클릭해 ❼ [Basic](기본 사항)의 Foreground to Transparent(전경색에서 투명으로)를 클릭합니다.

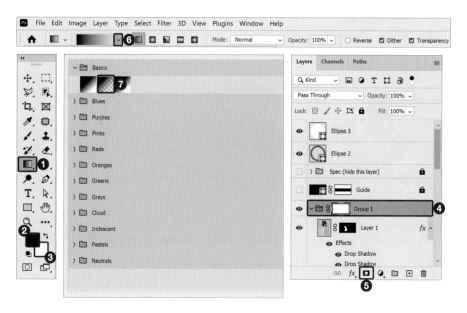

31 아래쪽에서 위쪽으로 드래그해 이미지가 자연스럽게 사라지는 모습으로 만듭니다.

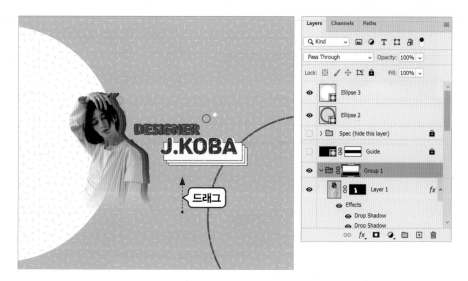

클리핑 마스크와 레이어 마스크 알아보기

클리핑 마스크와 레이어 마스크는 '내가 원하는 부분만 보여주게 하는 것'이라는 개념은 같습니다. 만드는 방법만 다르니 편한 방법을 활용하면 됩니다. 먼저 클리핑 마스크는 두 레이어가 있을 때 아래쪽에 있는 레이어의 영역 안에서만 위쪽에 있는 레이어를 보여줍니다. 위쪽에 있는 레이어를 마우스 오른쪽 버튼으로 클릭하고 [Make Clipping Mask]를 클릭하거나, 레이어 간 경계에서 Alt 를 눌러서 마우스 포인터가 ▣ 모양으로 변경되면 클릭해 클리핑 마스크를 적용합니다.

레이어 마스크를 적용하는 방법도 알아보겠습니다. 이동 도구⊕가 선택된 상태에서 보여줄 영역인 대상 레이어(여기서는 [5 Point Star 1] 레이어)를 Ctrl 을 누른 채 클릭하면 선택 영역이 지정됩니다. 이미지 레이어(여기서는 [Coffee Image] 레이어)를 클릭하고 [Layers] 패널 하단의 Add a mask ▣를 클릭합니다. 선택 영역으로 지정된 부분 안쪽에서만 이미지 레이어가 보이게 됩니다. 이때 선택 영역으로 지정한 레이어([5 Point Star 1] 레이어)의 눈 ◉을 클릭해 보이지 않게 해야 이미지가 보입니다.

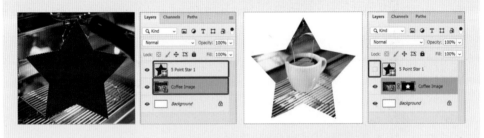

32 화려한 색을 활용한 배너 이미지가 완성되었습니다. 유튜브 배너 이미지에 등록하면 다음과 같은 모습으로 확인할 수 있습니다.

TIP 이미지를 저장하는 방법은 120쪽을 참고합니다.

STEP 06

색을 최소화해 미니멀한 배너 이미지 만들기

쇼츠 디자인

채널 디자인

채널 특징 분석

디자인 디자인

컬러 디자인

레이아웃 디자인

썸네일 디자인

디자인 트렌드

파일 Part 02/Chapter 02/컬러_예제3_준비.psd, 컬러_예제3_완성.psd

학습 내용 　● 미니멀한 콘셉트의 배너 이미지 디자인하기
　　　　　● 셰이프 모양에 맞춰 텍스트 입력하기
　　　　　● ZigZag 이펙트로 구불구불한 곡선 만들기

핵심 기능 　브러시 도구, 직접 선택 도구, Flip Horizontal, ZigZag

레이어 마스크로 이미지의 원하는 영역만 보이게 하기

01 Ctrl + O 를 눌러 **컬러_예제3_준비.psd** 파일을 불러옵니다.

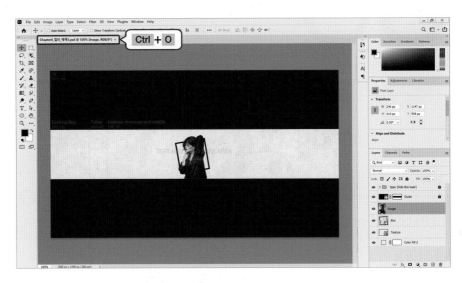

02 ❶ 배너 이미지 가이드인 [Spec (hide this layer)] 레이어 그룹의 눈 👁 을 클릭해 보이지 않게 합니다. ❷ Ctrl + + 를 눌러 화면을 확대합니다. ❸ [Box] 레이어의 섬네일을 Ctrl 을 누른 채 클릭하면 사각형에 윤곽선이 생기며 선택된 상태가 됩니다. ❹ [Image] 레이어를 클릭하고 ❺ Add a mask 🔲 를 클릭해 레이어 마스크를 추가합니다. 사각형 선택 영역 안에서만 이미지가 보이게 됩니다.

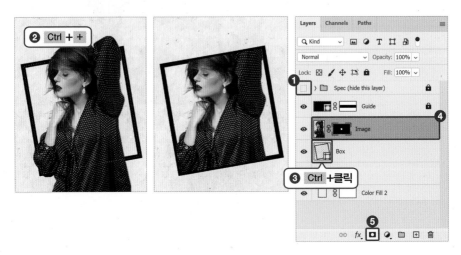

> **TIP** 레이어 마스크에 관한 자세한 설명은 192쪽을 참고합니다.

03 레이어 마스크가 선택된 상태에서 ❶ 브러시 도구 🖊를 클릭하고 ❷ 아트보드를 마우스 오른쪽 버튼으로 클릭합니다. ❸ 브러시 옵션 패널이 나타나면 [Size]는 **100px**, ❹ 브러시 모양은 [General Brushes](일반 브러시)의 [Hard Round](선명한 원)를 클릭합니다. 브러시 크기와 모양은 비슷하게만 설정하면 됩니다. ❺ 전경색을 흰색(**#FFFFFF**)으로 지정합니다. ❻ 레이어 마스크 때문에 보이지 않는 머리 부분과 팔 부분을 브러시로 드래그해 나타나게 합니다. 사각형 테두리 바깥쪽으로 공간감이 생기고 입체감이 더해집니다.

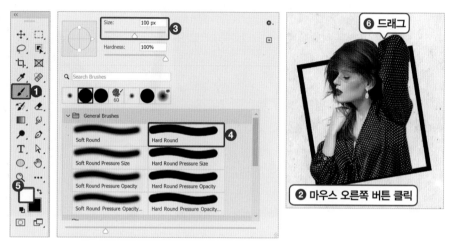

TIP 브러시 도구를 클릭하고 아트보드 안쪽을 마우스 오른쪽 버튼으로 클릭해야 브러시 옵션 패널이 나타납니다. 아트보드 바깥쪽을 클릭하면 나타나지 않습니다.

셰이프 도구와 펜 도구로 말풍선 모양 셰이프 만들기

04 말풍선 모양 셰이프를 만들어보겠습니다. ❶ 타원 셰이프 도구 ◯를 클릭합니다. ❷ 옵션바에서 [Fill]은 검은색(**#000000**)으로 설정하고 [Stroke]는 해제합니다. ❸ 사람 이미지 오른쪽에 Shift 를 누른 채 드래그하여 원을 만듭니다.

오브젝트 디자인

채널명 디자인

채널 특징 분석

타이포 디자인

컬러 디자인

레이아웃 디자인

오브젝트 브랜딩

디자인 트렌드

05 ❶ 곡률 펜 도구 ✐ 를 클릭합니다. ❷ 옵션바에서 [Fill]은 검은색(#000000)으로 설정하고 [Stroke]는 해제합니다. ❸❹❺❻❼ 순서대로 클릭해 말풍선의 꼬리 모양을 만듭니다. 처음에는 모양이 이상해 보이지만 마지막 지점까지 그리고 나면 말풍선 꼬리 모양이 나타납니다. ❽ 마지막 지점을 다시 클릭해 작업을 완료합니다.

TIP 도구바의 도구를 길게 클릭하거나 마우스 오른쪽 버튼으로 클릭하면 숨겨진 도구들이 나타납니다.

06 ❶❷❸ 각 지점을 더블클릭해 뾰족한 모서리로 변경합니다.

TIP 다시 더블클릭하거나 Alt 를 누른 채 클릭하면 둥근 모서리로 다시 변경됩니다.

07 ❶ [Ellipse 1] 레이어를 클릭하고 ❷ [Shape 1] 레이어를 Ctrl 을 누른 채 클릭해 함께 선택합니다. ❸ 마우스 오른쪽 버튼을 클릭하고 ❹ [Merge Shapes]를 클릭합니다. 레이어가 하나로 합쳐집니다.

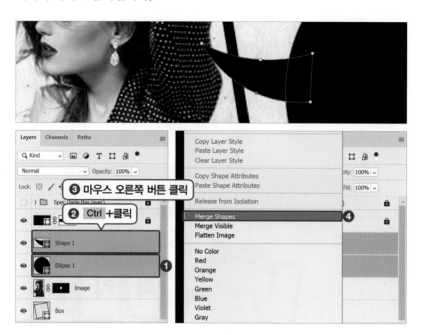

08 ❶ 하나로 합쳐진 [Shape 1] 레이어를 더블클릭합니다. ❷ [Layer Style] 대화상자가 나타나면 [Drop Shadow]를 클릭하고 ❸ 색은 진한 노란색(#FFBB17)으로 지정하고 ❹ [Blend Mode]는 [Normal], [Opacity]는 100, [Angle]은 0, [Distance]는 10, [Spread]와 [Size]는 0으로 설정한 후 ❺ [OK]를 클릭합니다.

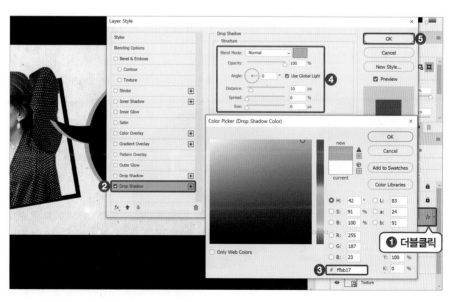

스튜디오 디자인

채널 브랜드 디자인

채널 특징 분석

타이포 디자인

컬러 디자인

레이아웃 디자인

인쇄물 디자인

디자인 트렌드

셰이프 모양에 맞춰 텍스트 입력하기

09 채널명 등의 텍스트를 입력해보겠습니다. ❶ 문자 도구 T 를 클릭합니다. ❷ 말풍선 셰이프 안쪽에 마우스 포인터를 올리면 모양이 ⓘ으로 바뀌는데 이때 클릭합니다. 말풍선 셰이프에 글자를 입력할 수 있는 상태가 됩니다. ❸ [Character] 패널에서 폰트는 [BM YEONSUNG], 크기는 **20pt**, 글자 기준선은 **5pt**, 색은 흰색(**#FFFFFF**)으로 설정하고 ❹ T 를 클릭합니다. ❺ **러블리 TV**를 입력하고 ❻ Ctrl + Enter 를 눌러 완료합니다.

> **TIP** 'BM YEONSUNG'는 '배달의 민족 연성체'입니다. 필요하다면 무료로 다운로드해 사용하고, 원하는 다른 폰트를 사용해도 됩니다. 폰트를 다르게 설정했다면 글자 크기 등을 임의로 조정합니다.

10 ❶ [Shape 1] 레이어를 클릭합니다. ❷ 말풍선 셰이프 가장자리에 마우스 포인터를 올리면 모양이 Ⅰ으로 바뀌는데 이때 클릭합니다. 말풍선 셰이프 바깥쪽에 셰이프의 모양을 따라 글자를 입력할 수 있는 상태가 됩니다.

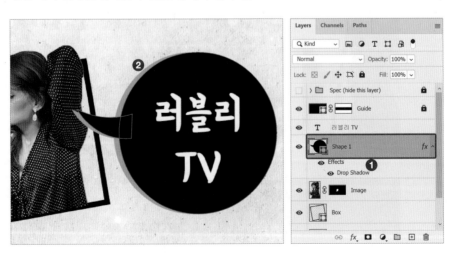

11 ❶ [Character] 패널에서 크기를 4pt로 수정합니다. ❷ #인스타그램 #데일리 #패션 #요리 #먹방을 입력하고 ❸ `Ctrl` + `Enter` 를 눌러 완료합니다. ❹ 직접 선택 도구 ▶를 클릭합니다. ❺ 입력한 텍스트 앞쪽에 마우스 포인터를 가져가면 모양이 ▶으로 바뀝니다. 이때 오른쪽으로 드래그해 텍스트의 시작점을 조정합니다. ❻ 다시 이동 도구 ✛를 클릭합니다.

12 ❶ [Shape 1] 레이어를 클릭하고 ❷ [러블리 TV] 문자 레이어를 `Ctrl` 을 누른 채 클릭해 함께 선택합니다. ❸ `Alt` 를 누른 채 왼쪽으로 드래그하여 복제합니다.

유튜브 디자인 / 채널별 디자인 / 채널 특장 분석 / 타이프 디자인 / 컬러 디자인 / 레이아웃 디자인 / 유튜브 크리에이터 / 디자인 트렌드

13 ❶ [Shape 1 copy] 레이어만 클릭하고 ❷ `Ctrl` + `T` 를 누릅니다. ❸ 조절점이 나타나
면 마우스 오른쪽 버튼을 클릭한 후 ❹ [Flip Horizontal]을 클릭합니다. 좌우가 반전
됩니다. ❺ 조절점을 드래그해 크기도 줄입니다.

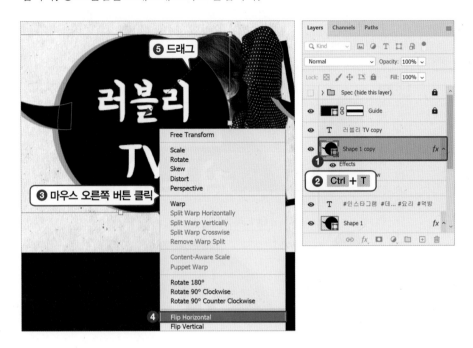

14 ❶ [Shape 1 copy] 레이어를 마우스 오른쪽 버튼으로 클릭하고 ❷ [Clear Layer
Style]를 클릭합니다. 적용된 레이어 스타일(Layer Style)이 삭제됩니다.

15　❶ 문자 도구 T 를 클릭하고 ❷ '러블리 TV'를 드래그해 선택한 후 **내.돈.내.산**으로 텍스트를 수정합니다. ❸ [Character] 패널에서 크기를 **11pt**로 수정합니다.

16　❶ [Shape 1 copy] 레이어의 섬네일을 더블클릭합니다. ❷ [Color Picker] 대화상자가 나타나면 진한 노란색(**#F8C857**)으로 설정하고 ❸ [OK]를 클릭합니다. ❹ [내.돈.내.산] 문자 레이어를 다시 클릭하고 ❺ [Character] 패널에서 색을 검은색(**#000000**)으로 변경합니다.

17 손 도구 를 더블클릭하거나 Ctrl + 0 을 눌러 배너 이미지의 전체 모습을 확인합니다.

사용자 정의 셰이프 도구로 디자인 요소 추가하기

18 디자인 요소를 추가해 꾸며보겠습니다. ❶ 사용자 정의 셰이프 도구 를 클릭합니다. ❷ 옵션바에서 [Shape]의 를 클릭합니다. ❸ [Flowers](꽃)의 [Shape 46](모양 46)을 클릭합니다. ❹ [Fill]은 해제하고 [Stroke]는 검은색(#000000), **1px**로 설정합니다. ❺ 적당한 위치에 Shift 를 누른 채 드래그하여 꽃 셰이프를 만듭니다.

> **TIP** 꽃 셰이프를 만들고 나면 다음 셰이프를 그리기 전에 반드시 [Layer] 패널에서 해당 레이어를 Ctrl 을 누른 채 클릭하여 선택을 해제합니다. 선택을 해제하지 않으면 셰이프가 개별 레이어로 구분되지 않습니다.

19 꽃 셰이프를 더 추가해보겠습니다. ❶ 다시 옵션바에서 [Shape]의 ▫를 클릭합니다. ❷ [Flowers](꽃)의 [Shape 44](모양 44)를 클릭합니다. ❸ 적당한 위치에 Shift 를 누른 채 드래그하여 꽃 셰이프를 하나 더 만듭니다.

20 ❶ 옵션바에서 [Shape]의 ▫를 클릭합니다. ❷ [Flowers](꽃)의 [Shape 53](모양 53)을 클릭합니다. ❸ 적당한 위치에 Shift 를 누른 채 드래그하여 꽃 셰이프를 만듭니다.

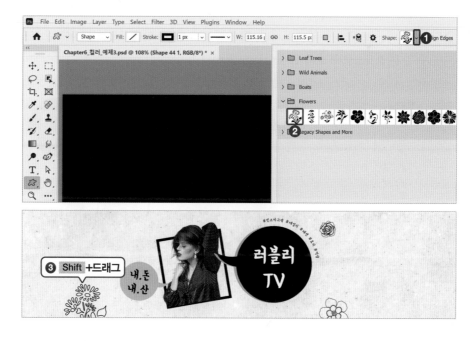

유튜브 채널 디자인

채널명 디자인

채널 특징 분석

디자인 아이콘

컬러 디자인

레이아웃 디자인

이미지 보정 및 합성

디자인 트렌드

ZigZag 이펙트로 구불구불한 곡선 만들기

21 ❶ 만든 꽃 셰이프는 [Layer] 패널에서 Ctrl 을 누른 채 클릭하여 선택을 해제합니다.
❷ 선 셰이프 도구 ✏ 를 클릭합니다. ❸ 옵션바에서 [Fill]은 해제하고 [Stroke]는 노란
색(#F8C857), 3px로 설정합니다. ❹ 왼쪽 끝부터 오른쪽 끝까지 Shift 를 누른 채 드
래그하여 긴 선 셰이프를 만듭니다.

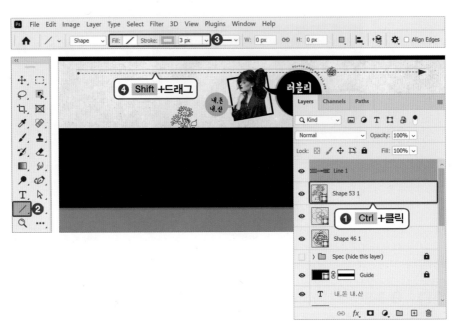

22 ❶ 이동 도구 ✛ 를 클릭합니다. ❷ Alt 를 누른 채 아래쪽으로 드래그해 복제합니다.
같은 방식으로 복제해 선 셰이프를 총 여덟 개 만듭니다.

23 여러 레이어를 편하게 보기 위해 인터페이스를 조절해보겠습니다. [Layers] 패널의 탭을 드래그해 위치를 옮깁니다.

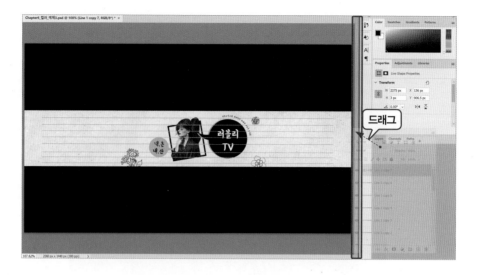

24 ❶ [Line 1] 레이어를 클릭하고 ❷ [Line 1 copy 7] 레이어를 Shift 를 누른 채 클릭하여 여덟 개의 레이어를 모두 함께 선택합니다. ❸ 마우스 오른쪽 버튼을 클릭한 후 ❹ [Convert to Smart Object]를 클릭합니다. 여덟 개의 선 셰이프 레이어가 스마트 오브젝트로 묶입니다.

> **TIP** 스마트 오브젝트(Smart Object)는 하나의 포토샵 파일처럼 취급되어 스마트 오브젝트로 만든 레이어의 섬네일을 더블클릭하면 새로운 작업 화면이 나타납니다. 또한 스마트 오브젝트로 만들어두면 크기를 줄였다가 다시 키워도 이미지의 원본 형태가 유지됩니다. 그룹으로 묶는 것과의 차이점을 기억해둡니다.

25 ❶ 스마트 오브젝트로 묶인 [Line 1 copy 7] 레이어를 클릭하고 ❷ [Filter]−[Distort]−[ZigZag] 메뉴를 클릭합니다.

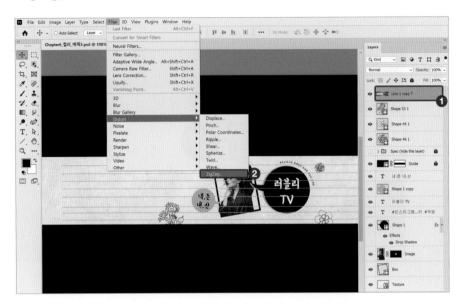

26 ❶ [ZigZag] 대화상자가 나타나면 [Amount]는 10, [Ridges]는 5로 설정하고 ❷ [OK]를 클릭합니다. 직선이었던 선 셰이프들이 구불구불한 곡선으로 변형됩니다.

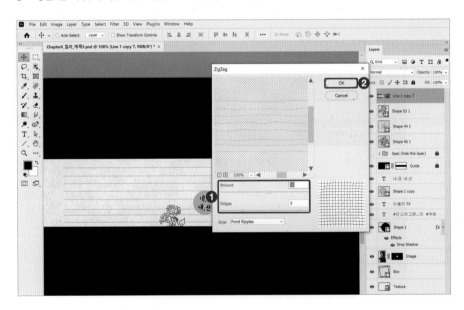

27 ❶ [Line 1 copy 7] 레이어를 [Box] 레이어의 아래쪽으로 드래그합니다. ❷ Add a mask■를 클릭해 레이어 마스크를 추가하고 ❸ 전경색을 검은색(#000000)으로 변경합니다.

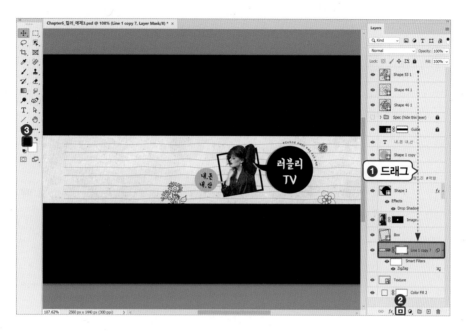

28 ❶ 추가한 레이어 마스크의 섬네일이 선택된 상태로 ❷ 그레이디언트 도구■를 클릭합니다. ❸ 옵션바에서 ☑를 클릭하고 ❹ [Basic](기본 사항)의 Foreground to Transparent(전경색에서 투명으로)를 클릭합니다. ❺ 왼쪽에서 오른쪽으로 드래그해 살짝 보이지 않게 하고 ❻ 마찬가지로 오른쪽에서 왼쪽으로 드래그해 살짝 보이지 않게 합니다. 자연스러운 선이 완성됩니다.

TIP 반드시 [Basic](기본 사항)의 Foreground to Transparent(전경색에서 투명으로)로 설정해야 동일하게 나타납니다.

29 [Line 1 copy 7] 레이어의 [Opacity]를 **70%**로 설정합니다.

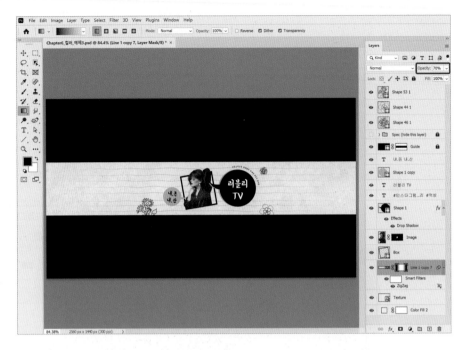

30 색을 최소화해 미니멀한 배너 이미지가 완성되었습니다. 유튜브 배너 이미지에 등록하면 다음과 같은 모습으로 확인할 수 있습니다.

> **TIP** 이미지를 저장하는 방법은 120쪽을 참고합니다.

CHAPTER 03

시청자의 시선을 조정하는 레이아웃 디자인

무조건 자극적인 컬러를 사용하거나 요소를 크게 삽입한다고 해서
모든 시청자의 시선을 사로잡을 수 있는 것은 아닙니다.
정확히 어떤 부분에 시선을 집중시킬지, 텍스트는 잘 읽히는지 고민하며 레이아웃 디자인을 해야 합니다.
시청자의 시선을 마음대로 움직이게 할 수 있는 레이아웃 디자인에 대해 알아보겠습니다.

STEP 01

친절한
레이아웃이란

레이아웃의 기본 요소 세 가지 알아보기

레이아웃은 시청자가 쉽고 편안하게 텍스트를 읽을 수 있도록 제한된 공간에 디자인 요소들을 적절히 배치하는 것입니다. 아무리 폰트가 예쁘고 컬러를 잘 활용했다고 해도 레이아웃이 지저분하고 과하다면 시청자는 불편함을 느껴 이탈하고 맙니다. 레이아웃 디자인은 철저히 상대방의 입장에서 생각해야 좋은 결과물이 탄생합니다. 보기 좋을 뿐 아니라 안정적으로 느낄 수 있도록 최대한 친절하게 만드는 것이 가장 중요합니다.

▲ 시청자의 시선을 고려해 최대한 친절하게 정리해야 하는 레이아웃 디자인

친절한 레이아웃을 만들기 위해서는 레이아웃의 기본 요소 세 가지를 필수로 알고 있어야 합니다. 다음 세 가지를 하나씩 살펴보겠습니다.

❶ 그리드

❷ 여백

❸ 행간과 자간

01 그리드

그리드는 격자 혹은 눈금이라는 뜻인데, 레이아웃에서는 디자인 영역을 일정하게 지정하는 것을 말합니다.

▲ 유튜브 채널의 배너 이미지에는 위의 세 가지 그리드를 주로 사용함

02 여백

여백은 글이나 그림이 없는 빈 영역이라는 뜻으로, 디자인 요소들 사이의 공간을 의미합니다. 어떠한 디자인에서도 꼭 필요한 요소 중 하나입니다.

▲ 왼쪽은 여백이 없어 답답해 보이고, 오른쪽은 적절한 여백을 확보해 눈을 편안하게 함

유튜브 디자인

채널별 디자인

채널 특징 분석

타이포 디자인

컬러 디자인

레이아웃 디자인

유튜브 밈 레퍼런스

디자인 트렌드

03 행간과 자간

행간은 행과 행 사이의 간격(줄 간격), 자간은 글자와 글자 사이의 간격을 뜻합니다. 이렇듯 텍스트에도 상황에 맞게 여유 공간을 확보해서 가독성을 높여야 합니다.

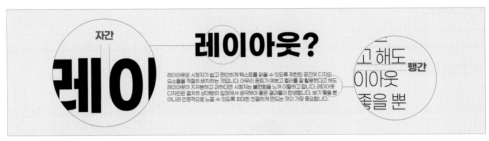

▲ 글자 하나도 디자인에 포함되므로 행간과 자간을 적당하게 조절해 눈을 편안하게 해야 함

친절한 레이아웃은 어떻게 만들까

레이아웃 디자인은 그리드, 여백, 행간과 자간 등 레이아웃의 기본 요소를 바탕으로 만들어가게 됩니다. 그런데 실제로 디자인을 하다 보면 힘들게 촬영한 사진이나 영상, 열심히 찾은 멋진 디자인 요소들을 전부 한 프레임에 넣으려고 욕심을 부리게 됩니다. 단호하게 이야기하자면 이는 결코 도움이 되지 않습니다. 전달하려는 의도가 잘 나타나도록 불필요한 요소는 과감하게 덜어내고, 간결하고 명확하게 디자인해야 합니다. 지금부터 가독성이 좋아 유튜브뿐만 아니라 실무 디자인에서도 많이 사용되는 레이아웃 디자인 전략을 소개해보겠습니다.

01 왼쪽에서 오른쪽으로 흐르는 시선에 유의해 요소를 배치한다

시선은 일반적으로 왼쪽에서 오른쪽, 위에서 아래로 흐릅니다. 레이아웃을 구성할 때 이 사실을 염두에 두고 작업하면 좋습니다. 따라서 프레임 안에서 왼쪽에는 텍스트, 오른쪽에는 이미지를 배치하는 경우가 많으며, 이는 텍스트를 먼저 읽고 이미지로 시선이 움직이게 하는 가장 보편적인 방식입니다. 예시를 살펴보겠습니다.

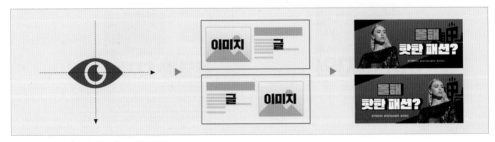

▲ 텍스트와 이미지 배치에 따른 시선의 흐름

앞의 예시와 같이 왼쪽에 이미지가 있고 오른쪽에 텍스트가 있는 디자인은 아주 짧은 순간이지만 모델의 얼굴이 먼저 눈에 들어옵니다. 반대로 왼쪽에 텍스트, 오른쪽에 이미지가 있는 디자인은 텍스트가 먼저 읽히게 됩니다.

02 가운데 정렬로 주목성을 높인다

배너 이미지와 섬네일을 디자인할 때 이미지와 텍스트 등 디자인 요소를 많이 삽입해야 하는 경우도 있습니다. 이렇듯 레이아웃을 구성하기 쉽지 않을 때는 가운데 정렬을 활용하면 좋습니다. 눈에 가장 먼저 띄어야 하는 오브젝트를 가운데에 전부 배치하고 그 외에는 상대적으로 비워주면 효과적이면서도 주목성이 뛰어난 디자인이 완성됩니다.

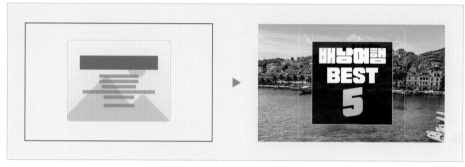

▲ 레이아웃을 구성하기 어려울 때는 가운데 정렬을 사용하면 큰 이질감 없이 배치할 수 있음

03 계층을 나눠 시선이 순서대로 움직이도록 유도한다

시선이 움직이는 순서를 유도하는 레이아웃 방식입니다. 계층을 이용하면 가장 중요한 영역을 1순위로 두고, 그다음으로 중요한 영역을 차례대로 2순위, 3순위로 만들어 짧은 시간에 시선 흐름을 유도할 수 있습니다. 계층을 나누는 가장 쉬운 방법은 크기의 대비를 이용하는 것입니다. 1순위의 오브젝트는 영역을 크게 하고 그 외의 순위는 상대적으로 영역을 작게 하면 됩니다.

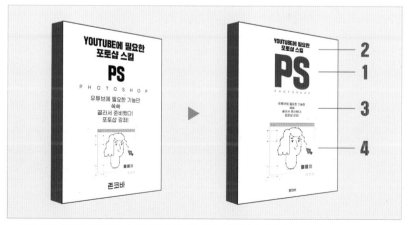

▲ 크기, 배치, 공간을 활용하여 디자인 영역에 차이를 두면 오른쪽처럼 시선의 흐름을 의도적으로 유도할 수 있음

유튜브 디자인

채널별 디자인

채널 특징 분석

타이틀 디자인

컬러 디자인

레이아웃 디자인

유튜브 브랜딩

디자인 트렌드

다른 디자인 영역에는 여기서 설명한 것 외에도 수많은 형식의 레이아웃이 있습니다. 하지만 유튜브나 기본적인 디자인의 큰 틀에서는 지금 설명한 레이아웃 방식만 기억해도 충분히 좋은 레이아웃을 만들 수 있고, 더 나아가서는 응용까지 할 수 있을 것입니다.

보는 사람을
편하게 해주는 여백

유튜브 디자인

채널별 디자인

채널 특징분석

타이포 디자인

컬러 디자인

레이아웃 디자인

인기 유튜브 분석

디자인 트렌드

여백의 중요성과 각 여백의 특징 이해하기

여백은 디자인 요소들 사이의 공간으로, 디자인에서 없어서는 안 되는 요소입니다. 간단하게 말하면 비어 있는 공간을 만들어주는 것이죠. 하지만 막상 디자인하다 보면 많은 양의 텍스트나 이미지를 불가피하게 삽입해야 하는 경우가 생기곤 합니다.

▲ 섬네일에 너무 많은 요소를 마구잡이로 삽입하면 오히려 집중도가 떨어짐

이러한 경우에 레이아웃을 정리하여 여백을 만들 수도 있지만, 궁극적으로는 텍스트를 최소화 하고 사용할 이미지만 정하는 편이 낫습니다. 최소한의 디자인 요소만을 남긴 상태에서 여백을 만들어야 원하는 부분을 시청자들에게 명확하게 노출할 수 있기 때문입니다.

▲ 디자인만 정리할 것이 아니라 내용 자체를 줄이고 요약해 여백을 만들어야 시청자들이 편하게 읽을 수 있음

유튜브의 여백은 대략 세 가지 정도로 구분할 수 있습니다. 지금부터 각 여백의 특징을 이해하고 유튜브에서 꼭 기억하고 작업해야 하는 여백 활용법을 이야기해보겠습니다.

❶ **프레임 여백**

❷ **오브젝트 여백**

❸ **텍스트 여백**

01 프레임 여백

프레임은 작업하는 틀을 말합니다. 만약 섬네일 디자인이라면 1,920×1,080px 크기의 영역이 하나의 프레임이 되는 것입니다. 이때 프레임의 가장자리에는 디자인 요소들이 닿거나 몰리지 않도록 배치해야 하고, 텍스트나 디자인 요소가 화면에 너무 꽉 차지 않도록 해야 합니다. 특히 모서리 쪽에는 여백을 꼭 확보해두어야 시선이 가운데로 집중됩니다.

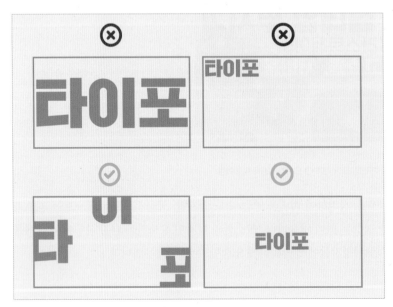

◀ 프레임의 가장자리에는 텍스트나 디자인 요소를 배치하지 않도록 해야 하지만, 일부만 걸쳐서 연속성이 상상되게 하거나 큰 여백을 만들어 배치하는 것은 좋은 디자인이라 할 수 있음

물론 상황에 따라 프레임의 가장자리에 디자인 요소들을 걸치게 할 수도 있습니다. 디자인 요소들을 가장자리에 일부만 걸치면 연속성을 상상하게 되어 호기심을 유발합니다. 다만 시청자들이 가장 먼저 봐야 하는 로고나 이미지, 문구 등의 중요한 요소는 주위에 반드시 여백을 확보해 두고 레이아웃을 구성해야 합니다.

▲ 중요한 디자인 요소는 가장자리에 배치하지 않고 여백을 남겨두는 것이 좋음

02 오브젝트 여백

텍스트, 이미지, 이펙트 요소 등 작업물에 삽입되는 모든 디자인 요소들을 오브젝트라고 합니다. 특징을 살리는 디자인을 하면서 완성도도 높여야 한다면 텍스트만 덩그러니 삽입할 것이 아니라 어울리는 오브젝트를 함께 추가해주어야 합니다. 이때 이러한 오브젝트들이 밀집되지 않고 여유 있게 흩어져 있어야 복잡한 느낌이 덜해 눈이 편안합니다.

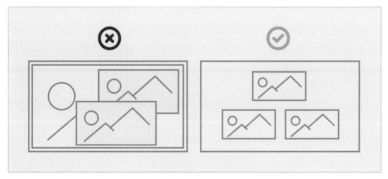

▲ 디자인 요소들 간의 여백이 있어야 편안한 디자인이 완성됨

03 텍스트 여백

긴 텍스트를 입력할 때 글자의 간격을 좁히면 답답해 보이고 읽기가 아주 힘듭니다. 글자끼리의 간격을 유지하면서 숨통이 트이게 만들어야 긴 글이라도 지루하지 않게 눈에 들어옵니다. 일반 적으로 행간은 자간보다 넓게 설정하는 편이며, 때로는 일부러 자간을 많이 늘려서 미니멀한 느낌의 디자인을 만들기도 합니다.

자간이 좁으면 답답   넓 은 ○ 자 간

행간이 좁으면
역지 답답

[텍스트를 입력하는 경우 행간은 줄의 간격, 자간은 한 글자 한 글자 사이의 간격을 뜻합니다. 긴 텍스트를 입력할 때 글자의
[간격을 좁히면 답답해 보이고 읽기가 아주 힘듭니다. 글자끼리의 간격을 유지하면서 숨통이 트이게 만들어야 긴 글이라도
[지루하지 않게 눈에 들어옵니다. 일반 적으로 행간은 자간보다 넓게 설정하는 편이며, 때로는 일부러 자간을 많이 늘려서
[미니멀한 느낌의 디자인을 만들기도 합니다.

[텍스트를 입력하는 경우 행간은 줄의 간격, 자간은 한 글자 한 글자 사이의 간격을 뜻합니다. 긴 텍스트를 입력할 때
[글자의 간격을 좁히면 답답해 보이고 읽기가 아주 힘듭니다. 글자끼리의 간격을 유지하면서 숨통이 트이게 만들어야 긴
[글이라도 지루하지 않게 눈에 들어옵니다. 일반 적으로 행간은 자간보다 넓게 설정하는 편이며, 때로는 일부러 자간을
[많이 늘려서 미니멀한 느낌의 디자인을 만들기도 합니다.

▲ 행간과 자간이 좁으면 읽기도 힘들 뿐만 아니라 보는 사람이 답답함을 느끼므로 적당한 여백을 확보해주어야 함

STEP 03

유튜브 필수
레이아웃 전략

균형에서 변화를 찾아라

유튜브에서 섬네일이나 배너 이미지 등을 살펴보다 보면 결국 이 책에서 설명한 것과 비슷한 디자인 구성 방식을 많이 발견할 수 있을 것입니다. 사실 자주 사용되는 레이아웃은 거의 정해져 있습니다. 앞서 이야기한 왼쪽이나 오른쪽 정렬, 가운데 정렬 등이죠. 여기서는 자신만의 특징을 살리는 약간의 변화까지 적용해보겠습니다.

▲ 왼쪽 정렬을 활용한 존코바의 디자인 참견러 콘텐츠 섬네일, 오른쪽 정렬을 활용한 애프터 이펙트 콘텐츠의 인트로 디자인, 가운데 정렬을 활용한 포토샵 콘텐츠의 섬네일

기억해둘 점은 변화가 너무 크면 오히려 시선을 방해하고 완성도도 떨어져 보인다는 점입니다. 따라서 기본은 유지하면서 작은 요소들을 바꿔 차별성을 만들어가야 합니다. 이번에는 레이아웃이나 프레임을 변경하는 대표적인 방법 세 가지를 소개하겠습니다.

01 기울기 또는 사선 활용하기

보통 레이아웃은 균형감 있는 사각형 프레임의 가이드라인을 기본으로 합니다. 이때 프레임 내의 오브젝트들을 기울이면 위험해 보이면서도 색다른 느낌을 줄 수 있습니다. 활발하고 역동적인 콘셉트의 콘텐츠라면 기울기를 활용해서 레이아웃에 변화를 주거나 사선 등의 오브젝트를 삽입해 완성도를 높이면 좋습니다. 다만 과하게 사용하면 레이아웃이 흐트러지므로 꼭 기본을 유지하면서 활용해야 합니다.

▲ 왼쪽 썸네일은 기울기를 이용해 역동적인 느낌을 주기 때문에 게임, 액션, 스포츠 채널에 어울리고, 오른쪽 썸네일은 사선을 활용한 배경 디자인으로 시선을 집중시키는 효과가 있음

02 프레임을 다양화하기

바로 위에서도 말했듯 영상 콘텐츠의 프레임은 사각형입니다. 우리가 보는 TV나 모바일이 전부 사각형이기 때문이죠. 이러한 프레임에 변화를 주는 방법은 사각형 대신 원이나 삼각형 등을 이용하는 것입니다. 이를 통해 확실하게 차별성을 만들 수 있으며 어떤 모양을 프레임으로 사용하느냐에 따라서 디자인의 성격 또한 바뀌게 됩니다.

▲ 사진이나 이미지를 활용할 때 프레임을 다양화하면 장면이 같더라도 다른 느낌을 줌

03 레이아웃 변형하기

마지막으로 지금까지는 사용하지 않는 것이 좋다고 했던 레이아웃 배치 방식을 응용하는 방법이 있습니다. 다만 어느 정도 정해진 레이아웃에서 시선에 크게 영향을 주지 않을 정도로만 배치를 바꾸어야 합니다. 왜 앞서 사용하지 말라고 했던 방식을 이제 와서 응용하라고 하는 것일까요? 적절히 활용하면 이를 통해 시청자들에게 새로움을 줄 수 있기 때문입니다. 일반적으로 사용되는 정렬 대신 아래와 같이 프레임을 다른 방식으로 분할하는 등 색다른 레이아웃을 활용하면 시선을 집중시킬 수 있습니다. 다만 자칫하면 난해한 디자인이 될 수 있으므로 어느 정도 변형할 것인지 깊이 고민해서 작업해야 합니다.

▲ 왼쪽 상단과 오른쪽 하단에 텍스트를 삽입하는 방식으로 레이아웃을 변형할 수 있고, 세로 방향성과 가로 방향성을 조합해 디자인할 수도 있음

레이아웃은 큰 틀이 갖춰진 상태에서 다양하게 변형할 수 있기 때문에 종류가 많고 어느 한 가지가 정답이라고 할 수 없습니다. 전달하고자 하는 메시지나 의도를 유지하며 레이아웃을 구성한다면 실패하지 않는 디자인을 만들 수 있을 것입니다.

썸네일 디자인

채널 브랜딩 디자인

채널 특징 분석

타이포 디자인

컬러 디자인

레이아웃 디자인

채널 브랜딩 디자인

디자인 트렌드

STEP 04

왼쪽 정렬로 가독성을 극대화한 섬네일 만들기

파일 Part 02/Chapter 03/레이아웃_예제1_준비.psd, Party Image.jpg, 레이아웃_예제1_완성.psd

학습 내용
- 텍스트를 왼쪽에 배치해 가독성을 극대화하기
- Subject로 이미지의 원하는 부분만 손쉽게 자르기

핵심 기능 그레이디언트 도구, 펜 도구, Subject, 올가미 도구

텍스트를 왼쪽에 정렬하고 디자인 요소로 강조하기

01 Ctrl + O 를 눌러 **레이아웃_예제1_준비.psd** 파일을 불러옵니다.

02 여러 레이어를 편하게 보기 위해 인터페이스를 조절해보겠습니다. ❶ [Layers] 패널의
탭을 드래그해 위치를 옮깁니다. ❷ 필요 없는 패널은 옵션▤을 클릭하고 ❸ [Close
Tab Group]을 클릭해 닫습니다.

> **TIP** 레이어의 섬네일이 위와 같이 보이지 않는다면 레이어 섬네일을 마우스 오른쪽 버튼으로 클릭하고 [Clip Thumbnails
> to Layer Bounds]를 클릭합니다. 영역에 맞춰 섬네일을 확인할 수 있습니다. [Clip Thumbnails to Document
> Bounds]를 클릭하면 원래대로 되돌립니다.

03 ❶ 이동 도구 ⊕를 클릭합니다. ❷ [Back Image] 레이어를 클릭하고 ❸ 이미지를 오른 쪽으로 드래그해 옮깁니다. 왼쪽에 텍스트를 넣을 공간이 만들어집니다. ❹ [Layers] 패널 하단의 Add a mask ▣를 클릭해 레이어 마스크를 추가합니다.

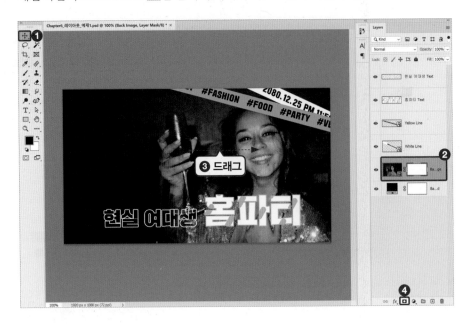

04 ❶ 전경색은 검은색(#000000), 배경색은 흰색(#FFFFFF)으로 설정되어 있는지 확 인하고 ❷ 그레이디언트 도구 ▣를 클릭합니다.

05 ❶ 옵션바에서 ⏷를 클릭해 ❷ [Basic](기본 사항)의 Foreground to Transparent(전경색에서 투명으로)를 클릭합니다. ❸ 추가한 레이어 마스크가 선택된 상태로 ❹ 왼쪽에서 오른쪽으로 드래그해 이미지가 부드럽게 연결되게 합니다.

06 ❶ 이동 도구⊹를 클릭합니다. ❷ [현실 여대생 Text] 문자 레이어를 클릭하고 ❸ 위쪽으로 드래그해 옮깁니다. ❹ [홈파티 Text] 문자 레이어를 클릭하고 ❺ 왼쪽으로 드래그해 옮깁니다. 왼쪽에는 텍스트, 오른쪽에는 이미지가 배치되면서 영역이 확실하게 분리되었고 가독성이 높아졌습니다.

07 텍스트의 가독성을 더욱 높이는 배경 오브젝트를 하나 더 만들어보겠습니다. ❶ 펜 도구 ✎ 를 클릭합니다. ❷ 옵션바에서 [Shape]가 선택되어 있는 것을 확인한 후 ❸ [Fill]은 검은색(#000000)으로 지정하고 [Stroke]는 해제합니다.

08 ❶ 시작 지점을 클릭한 후 ❷❸❹❺ 순서대로 각 지점을 클릭합니다. ❻ 시작 지점을 다시 클릭해 오각형 셰이프를 만듭니다.

TIP 오각형 셰이프가 보이지 않는다면 [Back Image] 레이어 아래에 있는 것은 아닌지 확인합니다. 레이어 순서가 다르다면 레이어를 드래그해 조정합니다.

09 오각형 셰이프의 테두리를 변경해보겠습니다. ❶ [Stroke]의 컬러 박스를 클릭하고 ❷ 컬러 팔레트 를 클릭합니다. ❸ [Color Picker] 대화상자가 나타나면 밝은 주황색 (#FEB04C)으로 지정한 후 ❹ [OK]를 클릭합니다. ❺ [Fill]은 검은색(#000000)으로 지정합니다.

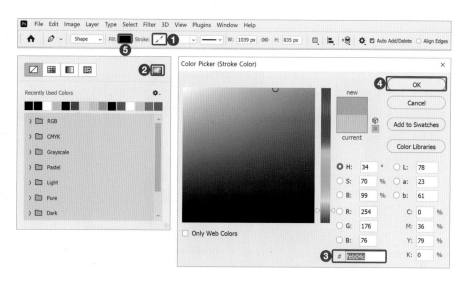

10 ❶ 선의 두께는 **20px**로 설정합니다. 선이 두꺼워지면서 배경과 더욱 깔끔하게 분리됩니다. ❷ [Shape 1] 레이어를 클릭하고 ❸ [Fill]을 **50%**로 설정합니다. 답답한 느낌이 들던 검은색 면이 약간 투명해지면서 이미지와 자연스럽게 배치되었습니다.

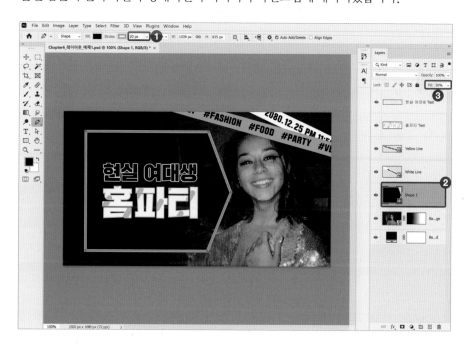

Subject로 이미지의 원하는 부분만 손쉽게 자르기

11 완성도를 높이기 위해 디자인 요소를 배치해보겠습니다. **①** `Ctrl` + `O` 를 눌러 Party Image.jpg 파일을 불러옵니다. **②** [Select]-[Subject] 메뉴를 클릭합니다. 사람 영역 주변에만 윤곽선이 생기는 것을 확인할 수 있는데, 이 영역만 선택된 상태입니다.

12 **①** 사각형 선택 도구🔲를 클릭합니다. **②** 윤곽선이 나타난 사람 영역을 마우스 오른쪽 버튼으로 클릭하고 **③** [Layer Via Cut]을 클릭해 선택 영역만 자릅니다.

13 잘라낸 영역이 [Layer 1] 레이어로 분리되었습니다. 이번에는 각 사람을 개별 레이어로 분리해보겠습니다. ❶ 올가미 도구 ☑를 클릭합니다. ❷ 가장 왼쪽에 있는 사람 이미지를 분리하기 위해 사람 영역의 바깥쪽으로 드래그해 선택 영역을 지정합니다. ❸ 드래그할 때는 마우스 버튼에서 손가락을 떼지 않고 시작 지점까지 연결해 마무리합니다.

14 ❶ 선택 영역을 마우스 오른쪽 버튼으로 클릭하고 ❷ [Layer Via Cut]을 클릭해 선택 영역만 자릅니다.

15 같은 방법으로 두 번째 사람 이미지를 분리해보겠습니다. ❶ [Layer 1] 레이어를 클릭합니다. ❷ 사람 영역의 바깥쪽으로 드래그해 선택 영역을 지정합니다. ❸ 마찬가지로 드래그할 때는 마우스 버튼에서 손가락을 떼지 않고 시작 지점까지 연결해 마무리합니다.

16 ❶ 선택 영역을 마우스 오른쪽 버튼으로 클릭하고 ❷ [Layer Via Cut]을 클릭해 선택영역만 자릅니다.

17 분리한 두 레이어의 이름을 변경해보겠습니다. ❶ 각 레이어의 이름 부분을 더블클릭하고 **Woman 1**과 **Woman 2**로 변경합니다. ❷ [Woman 1] 레이어를 클릭하고 ❸ [Woman 2] 레이어를 `Ctrl` 을 누른 채 클릭하여 함께 선택합니다. ❹ `Ctrl` + `C` 를 눌러 레이어를 복사합니다.

TIP 레이어의 이름을 변경하려면 레이어의 이름 부분을 정확히 더블클릭해야 합니다. 레이어의 섬네일을 더블클릭하면 [Color Picker] 대화상자가 나타나고, 이름 오른쪽의 빈 영역을 더블클릭하면 [Layer Style] 대화상자가 나타납니다.

18 ❶ 파일 탭을 클릭해 기존의 작업 화면으로 돌아옵니다. ❷ `Ctrl` + `V` 를 눌러 복사해둔 레이어를 붙여 넣습니다.

19 ❶두 레이어가 선택된 상태로 ❷ `Ctrl` + `T` 를 누릅니다. ❸ 조절점을 드래그하여 크기를 줄이고 ❹ 왼쪽 아래로 드래그해 배치한 후 ❺ `Enter` 를 눌러 수정을 마무리합니다.

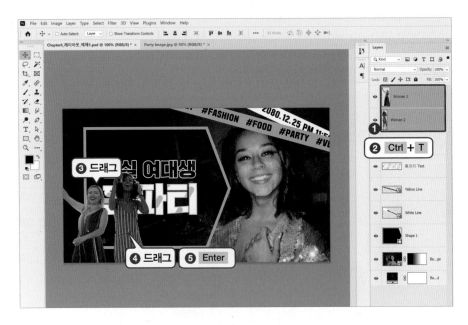

20 ❶ [Woman 2] 레이어만 클릭합니다. ❷ 이동 도구 ⊕ 를 클릭하고 ❸ 아트보드의 이미지를 오른쪽으로 드래그해 옮깁니다.

21 ❶[Woman 1] 레이어만 클릭하고 ❷ `Ctrl` + `T` 를 누릅니다. ❸ 마우스 오른쪽 버튼으로 클릭해 ❹[Flip Horizontal]을 클릭하면 이미지가 좌우로 반전됩니다. ❺ 마우스 포인터를 조절점의 오른쪽 상단 바깥쪽으로 가져가면 모양이 ↰으로 변경됩니다. 왼쪽으로 살짝 드래그해 회전하고 ❻ `Enter` 를 눌러 수정을 마무리합니다.

각종 디자인 요소로 꾸미고 배치하기

22 ❶[Woman 1] 레이어를 더블클릭합니다. ❷[Layer Style] 대화상자가 나타나면 [Stroke]를 클릭합니다. ❸[Size]는 10, [Position]은 [Center], [Blend Mode]는 [Normal], [Opacity]는 100으로 설정합니다. ❹[Color]는 흰색(#FFFFFF)으로 지정한 후 ❺[OK]를 클릭합니다.

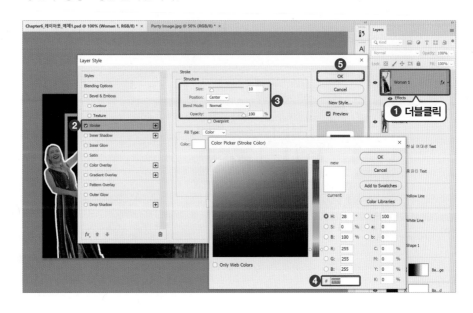

23 [Woman 1] 레이어의 레이어 스타일을 [Woman 2] 레이어로 Alt 를 누른 채 드래그하여 복제합니다. 사람 이미지 요소 주변에 흰색 테두리가 생기면서 배경과 훨씬 잘 분리됩니다.

24 ❶ [Yellow Line] 레이어를 클릭하고 ❷ [White Line] 레이어를 Ctrl 을 누른 채 클릭하여 함께 선택합니다. ❸ Ctrl + T 를 누르고 ❹ 왼쪽으로 드래그해 옮깁니다. ❺ 마우스 포인터를 조절점의 오른쪽 상단 바깥쪽으로 가져가면 모양이 ↱으로 변경됩니다. 왼쪽으로 살짝 드래그해 회전하고 ❻ Enter 를 눌러 수정을 마무리합니다.

25 ❶[현실 여대생 Text] 문자 레이어를 클릭하고 ❷[홈파티 Text] 문자 레이어를 `Ctrl`을 누른 채 클릭하여 함께 선택합니다. ❸ `Ctrl` + `T`를 누르고 ❹ 크기와 위치를 적절하게 수정합니다. ❺ 두 사람 이미지 요소 사이에 글자가 적당히 배치되었다면 `Enter`를 눌러 수정을 마무리합니다.

26 왼쪽 정렬로 가독성을 극대화한 섬네일이 완성되었습니다.

유튜브 디자인

채널명 디자인

채널 특징 분석

타이틀 디자인

컬러 디자인

레이아웃 디자인

섬네일 템플릿 제작

디자인 트렌드

STEP 05

기울기를 활용해
역동적인 섬네일 만들기

파일 Part 02/Chapter 03/레이아웃_예제2_준비.psd, 레이아웃_예제2_완성.psd

학습 내용	● 기울기를 활용해 디자인에 긴장감 더하기
	● 일반 오브젝트를 스마트 오브젝트로 만들기
	● 다각형 올가미 도구를 활용해 레이어 분리하기
핵심 기능	펜 도구, Smart Object(스마트 오브젝트), Rasterize Layer(레이어 래스터화), 다각형 올가미 도구

텍스트 왼쪽 배치를 위해 오브젝트 수정하기

01 Ctrl + O 를 눌러 **레이아웃_예제2_준비.psd** 파일을 불러옵니다.

> **TIP** [Layers] 패널의 탭을 드래그하면 패널의 위치를 옮길 수 있습니다. 위와 같이 패널의 위치를 옮기면 여러 레이어를 편하게 볼 수 있는 인터페이스가 됩니다.

02 ❶ [Image] 레이어를 클릭합니다. ❷ 이동 도구 ⊕를 클릭하고 ❸ 이미지를 오른쪽으로 드래그해 옮깁니다. 왼쪽에 텍스트를 넣을 공간이 만들어집니다.

03 ❶ Ctrl + T 를 누르고 ❷ 마우스 포인터를 조절점의 왼쪽 상단 바깥쪽으로 가져가면 모양이 ↰으로 변경됩니다. 이때 왼쪽으로 살짝 드래그해 회전하고 ❸ Enter 를 눌러 수정을 마무리합니다.

TIP 이미지에 기울기를 주면 디자인에 긴장감을 더할 수 있어 액션, 스포츠 등과 관련된 디자인에 많이 활용합니다.

04 ❶ 지우개 도구 ⬚ 를 클릭하고 ❷ 아트보드를 마우스 오른쪽 버튼으로 클릭합니다. ❸ 지우개 브러시 옵션 패널이 나타나면 [Size]는 **1000px**, ❹ 브러시 모양은 [General Brushes](일반 브러시)의 [Soft Round](부드러운 원)를 클릭합니다.

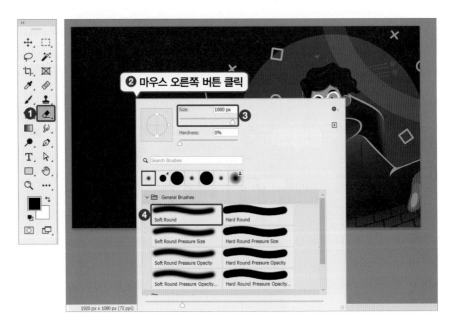

05 이미지의 왼쪽 부분을 드래그해 살짝만 지웁니다. 실수로 너무 많이 지웠다면 `Ctrl` + `Z` 를 눌러 되돌리고 다시 지웁니다.

텍스트를 강조하는 디자인 요소 만들기

06 텍스트를 강조하는 디자인 요소를 추가해보겠습니다. ❶ 펜 도구 ✏️를 클릭합니다. ❷ [Fill]의 컬러 박스를 클릭하고 ❸ 컬러 팔레트 🔲를 클릭합니다. ❹ [Color Picker] 대화상자가 나타나면 색을 어두운 보라색(#201524)으로 지정하고 ❺ [OK]를 클릭합니다. ❻ [Stroke]는 해제합니다.

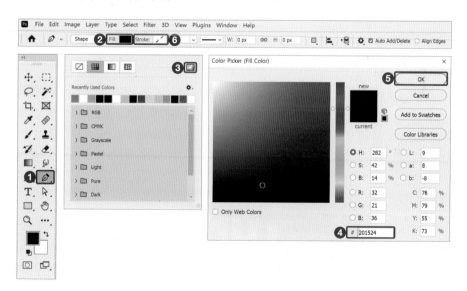

07 ❶ 시작 지점을 클릭한 후 ❷ ❸ ❹ 순서대로 각 지점을 클릭합니다. ❺ 시작 지점을 다시 클릭해 사각형 셰이프를 만듭니다.

08 ❶ 전경색은 검은색, 배경색은 흰색으로 설정되어 있는지 확인하고 ❷ 그레이디언트 도구▣를 클릭합니다. ❸ ⌄를 클릭하고 ❹ [Basic](기본 사항)의 Foreground to Transparent(전경색에서 투명으로)를 클릭합니다. ❺ [Shape 1] 레이어가 선택된 상태로 ❻ [Layers] 패널 하단의 Add a mask▣를 클릭해 레이어 마스크를 추가합니다.

09 ❶ 오른쪽에서 왼쪽으로 드래그해 경계를 부드럽게 만듭니다. ❷ [Shape 1] 레이어를 Ctrl 을 누른 채 클릭하여 선택을 해제합니다.

TIP 레이어 마스크에 관한 자세한 설명은 192쪽을 참고합니다.

10 디자인 요소로 사용될 셰이프를 추가로 더 만들어보겠습니다. ❶ 펜 도구 ✎.를 클릭합니다. ❷ [Fill]의 컬러 박스를 클릭하고 ❸ 컬러 팔레트 □.를 클릭합니다. ❹ [Color Picker] 대화상자가 나타나면 색을 보라색(#904EDA)으로 지정하고 ❺ [OK]를 클릭합니다. ❻ [Stroke]는 해제합니다.

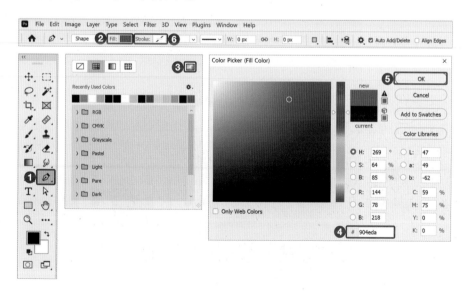

유튜브 디자인

채널별 디자인

채널 특징 분석

타이틀 디자인

컬러 디자인

레이아웃 디자인

유튜브 브랜딩

디자인 트렌드

11 ❶ 시작 지점을 클릭한 후 ❷❸❹❺❻❼❽ 순서대로 각 지점을 클릭합니다. ❾ 시작 지점을 다시 클릭해 번개 모양의 세이프를 만듭니다. 번개 모양 세이프로 게임, 액션의 역동성을 더해줍니다.

12 ❶ 이동 도구 ⊕를 클릭합니다. ❷ 방금 만든 번개 모양의 세이프인 [Shape 2] 레이어 가 선택된 상태로 Alt 를 누른 채 아래쪽으로 드래그하여 복제합니다.

13 ❶ Ctrl + T 를 누릅니다. ❷ 크기와 각도, 위치 등을 적당하게 조절하고 ❸ Enter 를 눌러 수정을 마무리합니다.

14 ❶ [Shape 2 copy] 레이어를 클릭하고 ❷ [Layers] 패널 하단의 Add a mask ▣ 를 클릭해 레이어 마스크를 추가합니다. ❸ 그레이디언트 도구 ▣ 를 클릭합니다. ❹ 오른쪽에서 왼쪽으로 드래그해 경계를 부드럽게 만듭니다. 기울기가 적용된 번개 모양의 세이프가 추가되면서 훨씬 화려하고 다이내믹한 느낌을 줍니다.

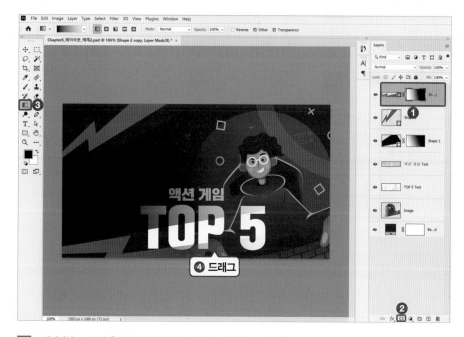

TIP 그레이디언트 도구의 옵션바는 앞서 설정해둔 옵션과 동일하게 적용됩니다.

유튜브 디자인

채널명 디자인

채널 특정 분석

타이프 디자인

컬러 디자인

레이아웃 디자인

유튜브 테마 활용

디자인 트렌드

텍스트를 스마트 오브젝트로 만들고 기울기 조정하기

15 텍스트의 위치를 조절하겠습니다. ❶ [액션 게임 Text] 문자 레이어를 클릭하고 ❷ [TOP 5 Text] 문자 레이어를 Ctrl 을 누른 채 클릭하여 함께 선택합니다. ❸ 두 레이어를 맨 위로 드래그합니다. ❹ 이동 도구 ✛ 를 클릭하고 ❺ 왼쪽으로 드래그해 배치합니다.

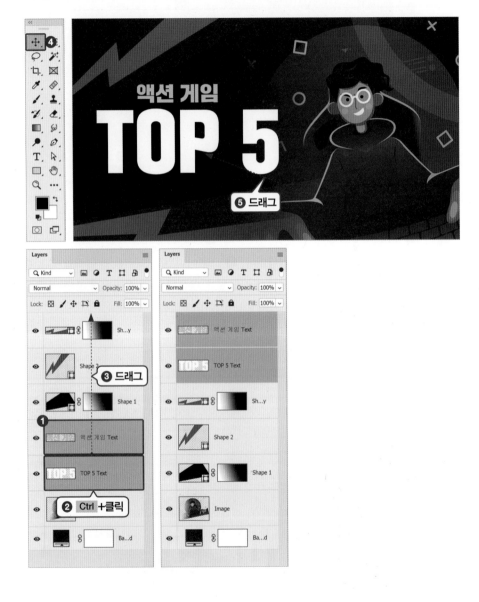

16 ❶ [TOP 5 Text] 문자 레이어를 클릭하고 ❷ 마우스 오른쪽 버튼을 클릭한 후 ❸ [Convert to Smart Object]를 클릭해 스마트 오브젝트로 변환합니다. ❹ 마찬가지로 [액션 게임 Text] 문자 레이어를 클릭하고 ❺ 마우스 오른쪽 버튼을 클릭한 후 ❻ [Convert to Smart Object]를 클릭해 스마트 오브젝트로 변환합니다.

> **TIP** 스마트 오브젝트(Smart Object)는 하나의 포토샵 파일처럼 취급되어 스마트 오브젝트로 만든 레이어의 섬네일을 더블클릭하면 새로운 작업 화면이 나타납니다. 또한 스마트 오브젝트로 만들어두면 크기를 줄였다가 다시 키워도 이미지의 원본 형태가 유지됩니다.

17 ❶ [TOP 5 Text] 문자 레이어를 클릭하고 ❷ Ctrl + T 를 누릅니다. ❸ 만들어둔 사각형 셰이프의 기울기에 맞춰 조절점을 Ctrl 을 누른 채 드래그하여 기울기를 수정합니다. ❹ 기울기 수정이 완료되면 Enter 를 눌러 마무리합니다.

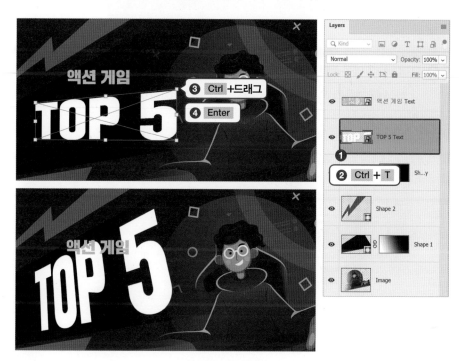

> **TIP** Ctrl 을 누른 채 조절점을 드래그하면 개별적으로 수정할 수 있습니다.

18 ❶ [액션 게임 Text] 문자 레이어를 클릭하고 ❷ Ctrl + T 를 누릅니다. ❸ 'TOP 5'의 기울기에 맞춰 조절점을 Ctrl 을 누른 채 드래그하여 기울기를 수정합니다. ❹ Enter 를 눌러 수정을 완료합니다. 처음보다 확실히 과감한 기울기로 더욱 다이내믹해졌습니다.

19 조금 더 역동적인 텍스트로 수정해보겠습니다. ❶ [TOP 5 Text] 문자 레이어를 클릭 하고 ❷ 마우스 오른쪽 버튼을 클릭한 후 ❸ [Rasterize Layer]를 클릭합니다.

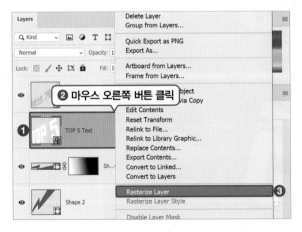

> **TIP** 레이어 래스터화(Rasterize Layer)는 스마트 오브젝트와 반대 개념으로, 보존된 이미지 상태를 깨고 원본 이미지 상태로 되돌아갑니다. 이 작업을 해야 이미지를 잘라낼 수 있습니다.

20 'TOP 5'를 위아래 절반으로 나눠보겠습니다. ❶ 다각형 올가미 도구 ☑를 클릭합니다. ❷ 시작 지점을 클릭한 후 ❸❹❺ 순서대로 각 지점을 클릭합니다. ❻ 시작 지점을 다시 클릭해 사각형 선택 영역을 만듭니다.

21 ❶ 선택 영역을 마우스 오른쪽 버튼으로 클릭하고 ❷ [Layer Via Cut]을 클릭합니다. 선택 영역만 분리됩니다.

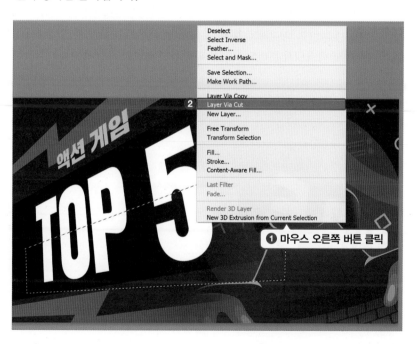

유튜브 디자인!

채널별 디자인!

채널 특정 분석

타이틀 디자인!

썸네일 디자인!

레이아웃 디자인!

영상 편집 디자인!

디자인 트렌드

22 ❶ 분리된 [Layer 1] 레이어가 선택된 상태로 ❷ 이동 도구 ✛를 클릭하고 ❸ 살짝 아래로 드래그합니다.

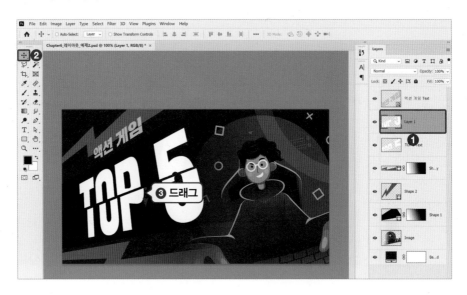

23 ❶ [Layer 1] 레이어를 더블클릭합니다. ❷ [Layer Style] 대화상자가 나타나면 [Gradient Overlay]를 클릭합니다. ❸ [Blend Mode]는 [Normal], [Opacity]는 100, [Angle]은 –75, [Scale]은 80으로 설정하고 ❹ [OK]를 클릭합니다. 약간의 그림자가 생기면서 텍스트가 분리된 느낌을 확실하게 표현할 수 있습니다.

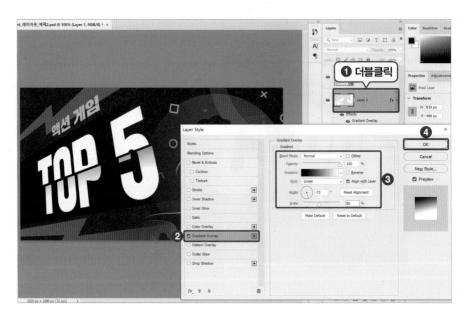

24 ❶ [액션 게임 Text] 레이어를 더블클릭합니다. ❷ [Layer Style] 대화상자가 나타나면 [Drop Shadow]를 클릭합니다. ❸ [Blend Mode]는 [Normal], 색은 검은색 (#000000), [Opacity]는 80, [Angle]은 −180, [Distance]는 25, [Spread]와 [Size]는 0으로 설정하고 ❹ [OK]를 클릭합니다. 텍스트에 그림자가 생기면서 입체감이 더해졌습니다.

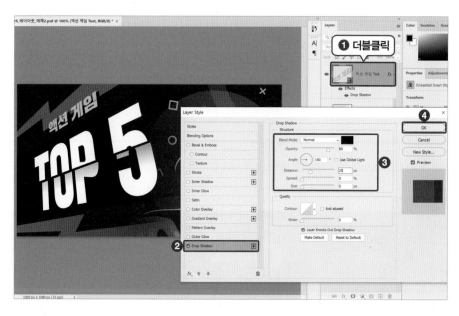

25 기울기를 활용한 역동적인 섬네일이 완성되었습니다.

STEP **06**

가운데 정렬로 눈에 띄는 배너 이미지 만들기

파일 Part 02/Chapter 03/레이아웃_예제3_준비.psd, Dust Effects Source.jpg, 레이아웃_예제3_완성.psd

학습 내용 ● 이미지와 텍스트를 가운데 정렬해 배치하기

● 텍스트의 외곽선만 남겨 디자인하기

● Blend Mode를 활용해 디자인 완성도 높이기

핵심 기능 Align(정렬), 사각형 선택 도구, Hue/Saturation, Blend Mode

이미지와 텍스트를 가운데 정렬해 배치하기

01 Ctrl + O 를 눌러 **레이아웃_예제3_준비.psd** 파일을 불러옵니다.

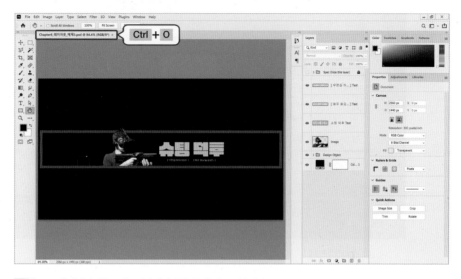

> **TIP** [Layers] 패널의 탭을 드래그하면 패널의 위치를 옮길 수 있습니다. 위와 같이 패널의 위치를 옮기면 여러 레이어를 편하게 볼 수 있는 인터페이스가 됩니다.

02 ❶ [슈팅 덕후 Text] 레이어를 클릭하고 ❷ Ctrl + A 를 누르면 전체 영역이 선택 영역으로 지정됩니다. ❸ 이동 도구 ⊕ 를 클릭하고 ❹ 옵션바에서 ▣을 클릭합니다.

> **TIP** 텍스트는 레이어 래스터화(Rasterize Layer)를 적용한 상태이므로 문자 레이어가 아니라 이미지 레이어 상태입니다. 따라서 폰트가 없어도 작업할 수 있습니다. 참고로 여기에 사용된 폰트는 유료 폰트인 'Rix블랙산스체'입니다.

03 선택 영역에서 세로선을 기준으로 텍스트가 가운데에 정렬됩니다. `Ctrl` + `D` 를 눌러
선택 영역을 해제합니다.

04 ❶ [Image] 레이어를 클릭하고 ❷ [슈팅 덕후 Text] 레이어 위쪽으로 드래그해 레이어
순서를 변경합니다.

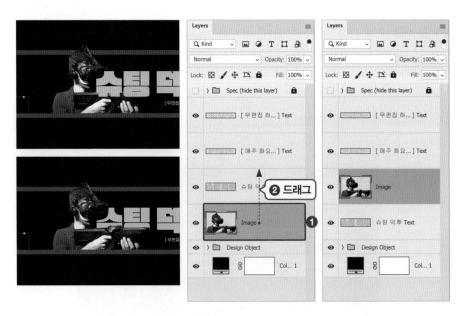

05 ❶ 이동 도구 를 클릭하고 ❷ 이미지를 가운데로 드래그해 옮깁니다. 이때 Shift 를 누른 채 드래그하면 수평으로 이동할 수 있습니다.

06 ❶ [무편집 하이라이트 Text] 레이어를 클릭하고 ❷ [매주 화요일 업로드 Text] 레이어를 Ctrl 을 누른 채 클릭하여 함께 선택합니다. ❸ Ctrl + A 를 눌러 전체 영역을 선택영역으로 지정합니다. ❹ 옵션바에서 ▐▐ 을 클릭하면 선택 영역에서 가로선을 기준으로 가운데에 정렬합니다. ❺ Ctrl + D 를 눌러 선택 영역을 해제합니다.

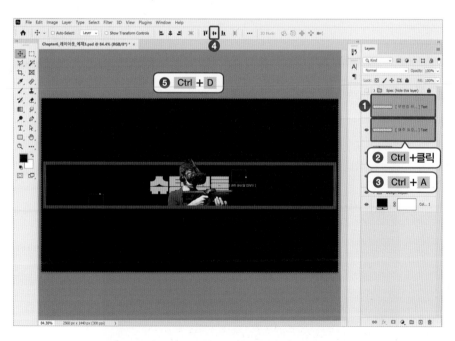

07 ❶ 이동 도구 ⊕가 선택된 상태로 ❷ [무편집 하이라이트 Text] 레이어만 클릭하고 ❸ 아트보드에서 왼쪽으로 드래그해 배치합니다. ❹ [매주 화요일 업로드 Text] 레이어만 클릭하고 ❺ 아트보드에서 오른쪽으로 드래그해 배치합니다.

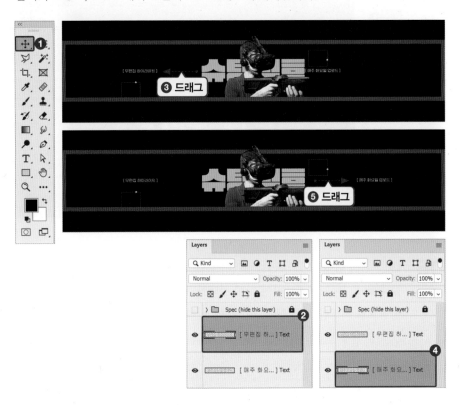

08 ❶ [Image] 레이어를 클릭하고 ❷ [Opacity]를 50%로 설정합니다.

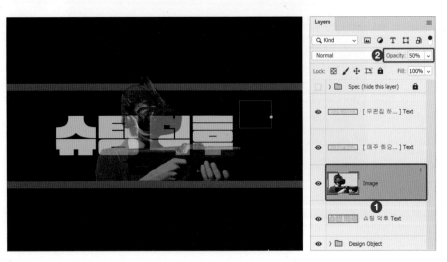

09 이미지 뒤쪽에 가려진 '슈팅 덕후'가 잘 보이게 레이아웃을 조정해보겠습니다. ❶ [슈팅 덕후 Text] 레이어를 클릭하고 ❷ 사각형 선택 도구▣를 클릭합니다. ❸ '슈팅'만 선택 영역으로 지정되도록 드래그합니다. ❹ 이동 도구⊕를 클릭하고 ❺ 왼쪽으로 살짝만 드래그해 이동합니다. ❻ Ctrl + D 를 눌러 선택 영역을 해제합니다.

10 ❶ 사각형 선택 도구▣를 클릭하고 ❷ '덕후'만 선택 영역으로 지정되도록 드래그합니다. ❸ 이동 도구⊕를 클릭하고 ❹ 오른쪽으로 살짝만 드래그해 이동합니다. ❺ Ctrl + D 를 눌러 선택 영역을 해제합니다.

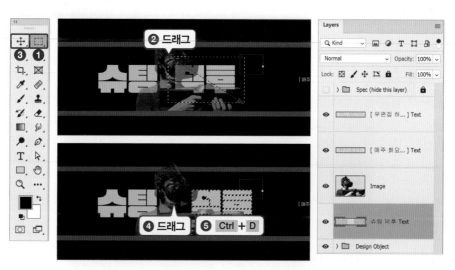

유튜브 디자인

채널별 디자인

채널 특징 분석

타이포 디자인

컬러 디자인

레이아웃 디자인

응용 브랜딩 디자인

디자인 트렌드

11 ❶ 다시 [Image] 레이어를 클릭하고 ❷ [Opacity]를 100%로 설정합니다.

레이어 스타일로 텍스트의 외곽선만 남기기

12 텍스트를 조금 더 변형해서 디자인 밀도를 채우고 완성도를 높여보겠습니다. ❶ [슈팅 덕후 Text] 문자 레이어를 클릭하고 ❷ Ctrl + J 를 두 번 눌러 레이어를 복제합니다. ❸ [슈팅 덕후 Text copy] 레이어를 클릭하고 ❹ 이동 도구 를 클릭합니다. ❺ 위쪽 으로 드래그해 텍스트가 보이도록 조정합니다. ❻ [슈팅 덕후 Text copy 2] 레이어도 클릭하고 ❼ 아래쪽으로 드래그해 텍스트가 보이도록 조정합니다. ❽ [슈팅 덕후 Text copy] 레이어를 더블클릭합니다.

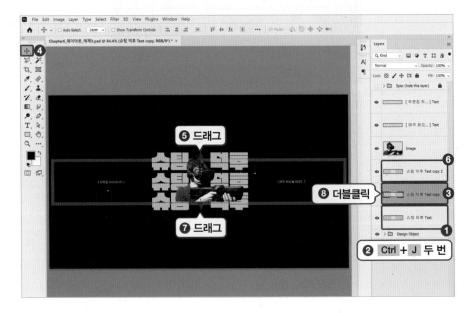

13 ❶ [Layer Style] 대화상자가 나타나면 [Stroke]를 클릭합니다. ❷ [Size]는 2, [Position]은 [Center], [Blend Mode]는 [Normal], [Opacity]는 100으로 설정합니다. ❸ [Color]는 노란색(#FFDD21)으로 지정한 후 ❹ [OK]를 클릭합니다.

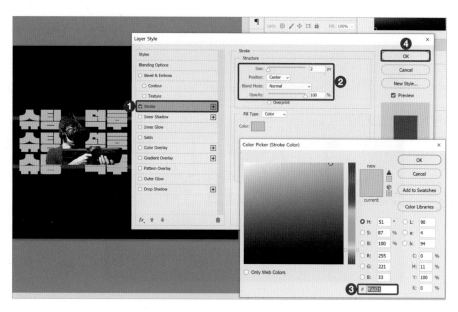

14 [Fill]을 0%로 설정합니다. 면이 투명해져 적용한 레이어 스타일만 남게 됩니다.

15 ❶ [슈팅 덕후 Text copy] 레이어의 레이어 스타일을 Alt 를 누른 채 드래그하여 [슈팅 덕후 Text copy 2] 레이어로 복제합니다. ❷ [슈팅 덕후 Text copy 2] 레이어를 클릭하고 ❸ [Fill]을 **0%**로 설정해 면이 투명해지며 적용한 레이어 스타일만 남게 합니다. 대비를 통한 텍스트 디자인으로 밀도와 완성도가 높아졌습니다.

16 ❶ [슈팅 덕후 Text copy] 레이어를 클릭하고 ❷ [슈팅 덕후 Text copy 2] 레이어를 Ctrl 을 누른 채 클릭하여 함께 선택합니다. ❸ [Design Object] 레이어 그룹의 아래쪽으로 드래그해 순서를 변경하고 ❹ Ctrl + G 를 눌러 그룹으로 묶습니다.

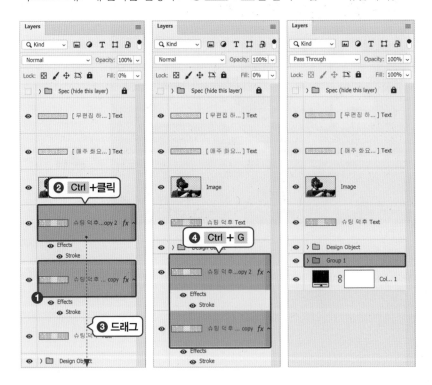

17 ❶ 사각형 선택 도구□를 클릭하고 ❷ 보라색 테두리 선 안쪽으로 드래그해 선택 영역을 지정합니다. ❸ [Layers] 패널 하단의 Add a mask□를 클릭해 레이어 마스크를 추가합니다. 텍스트가 보라색 테두리 선 안쪽으로만 보이게 됩니다. ❹ [Image] 레이어를 더블클릭합니다.

18 ❶ [Layer Style] 대화상자가 나타나면 [Inner Shadow]를 클릭합니다. ❷ [Blend Mode]는 [Normal], [Opacity]는 100, [Angle]은 150, [Distance]는 5, [Choke]와 [Size]는 0으로 설정합니다. ❸ 색은 노란색(#FFDD21)으로 지정하고 ❹ [OK]를 클릭합니다.

19 ❶ [Gradient Overlay]를 클릭하고 ❷ [Blend Mode]는 [Overlay], [Opacity]는 50
으로 설정합니다. ❸ [Gradient]의 ⊡를 클릭해 [Basic](기본 사항의) Foreground to
Background(전경색에서 배경색으로)를 선택합니다. ❹ [Angle]은 90, [Scale]은
150으로 설정하고 ❺ [OK]를 클릭합니다. 이미지 외곽에 노란색으로 살짝 빛이 들어
오는 느낌이 표현되고 한층 깊어진 느낌을 더해줍니다.

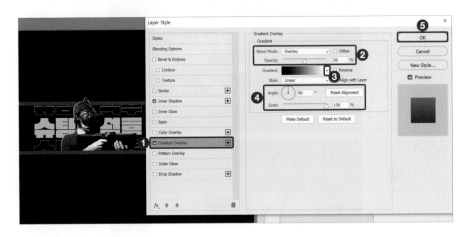

디자인 요소 배치하고 색 보정하기

20 이미지 소스를 배치하고 Blend Mode를 활용해 어울리는 분위기를 만들어보겠습니
다. ❶ Ctrl + O 를 눌러 Dust Effects Source.jpg 파일을 불러옵니다. ❷ 이동 도
구⊕를 클릭합니다. ❸ 이미지를 파일 탭으로 드래그하면 기존의 작업 화면이 나타납
니다.

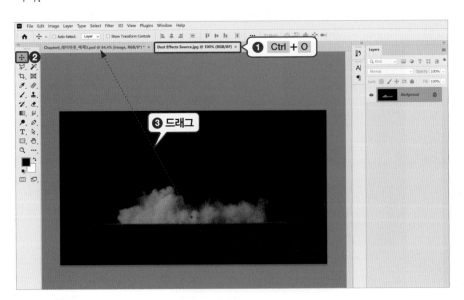

21 기존의 작업 화면이 나타나면 아트보드에 드래그해 이미지 소스를 복사해옵니다.

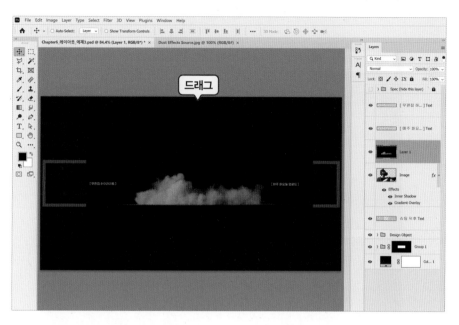

22 ❶ 방금 가져온 [Layer 1] 레이어를 클릭하고 ❷ [Design Object] 레이어 그룹의 아래쪽으로 드래그해 순서를 변경합니다.

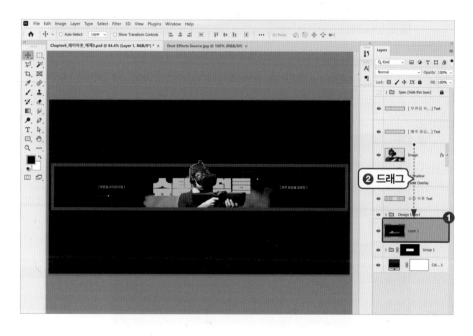

23 ❶ Ctrl + T 를 누릅니다. ❷ 조절점을 드래그해 적당한 크기로 수정한 후 ❸ 오른쪽으로 드래그해 적절하게 배치하고 ❹ Enter 를 눌러 수정을 마무리합니다.

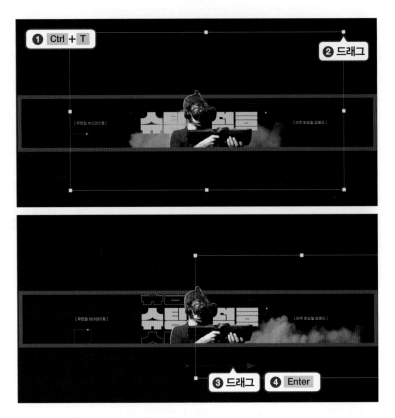

24 배경과 자연스럽게 보이도록 [Layers] 패널 상단의 [Blend Mode]를 [Color Dodge]로 설정합니다.

25 구름 이미지의 색을 보정해보겠습니다. ❶ `Ctrl` + `U` 를 눌러 [Hue/Saturation] 대화
상자를 불러옵니다. ❷ [Hue]는 **–120**, [Saturation]은 **–50**으로 설정하고 ❸ [OK]를
클릭합니다. 전체적인 색감과 어울리는 보라색 톤으로 수정되었습니다.

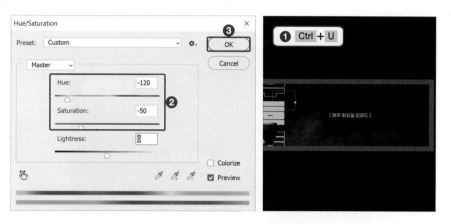

> **TIP** `Ctrl` + `U` 는 [Image]–[Adjustment]–[Hue/Saturation] 메뉴의 단축키입니다. [Hue]는 색상을 조절할 수 있고,
> [Saturation]은 채도를 조절할 수 있습니다.

26 ❶ [Layer 1] 레이어가 선택된 상태로 ❷ `Ctrl` + `J` 를 눌러 레이어를 복제합니다. ❸ 복
제된 [Layer 1 copy] 레이어를 클릭하고 ❹ 이동 도구 ⊕ 를 클릭한 후 ❺ 왼쪽으로 드
래그해 옮겨줍니다.

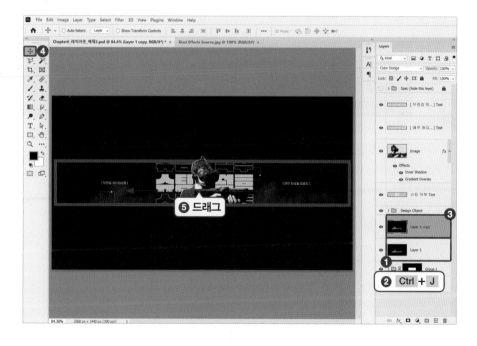

유튜브 디자인

채널명 디자인

채널 특정 분석

타이틀 디자인

썸네일 디자인

레이아웃 디자인

영상 미리캡쳐 꾸미기

디자인 트렌드

27 ❶ Ctrl + T 를 누릅니다. ❷ 조절점을 드래그해 크기를 조절하고 사람 이미지 근처로 옮겨 자연스럽게 배치합니다. ❸ Enter 를 눌러 수정을 마무리합니다.

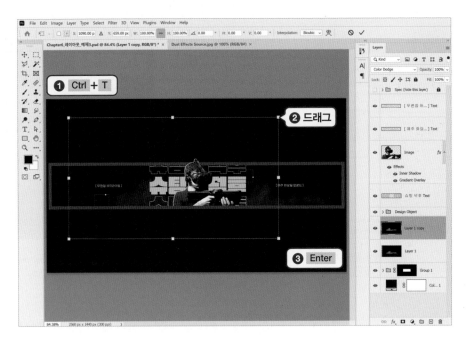

28 가운데 정렬로 눈에 확 띄는 배너 이미지가 완성되었습니다. 유튜브 배너 이미지에 등록하면 다음과 같은 모습으로 확인할 수 있습니다.

CHAPTER 04

가치를 높이는 유튜브 채널 브랜딩

이제 유튜브는 단순히 영상을 공유하는 수단을 넘어 수많은 시청자들에게 채널뿐만 아니라
'나'를 알리기 위해 활용하는 수단이 되었습니다. 이러한 과정을 마케팅 용어로 브랜딩이라고 합니다.
브랜딩 과정 중 채널의 정체성을 시각적으로 풀어내는 브랜드 디자인에 대해 자세히 알아보겠습니다.

STEP 01

브랜드 디자인이란

브랜드, 브랜딩, 브랜드 디자인 이해하기

브랜드란 제품 및 서비스를 식별하는 데 사용되는 명칭 · 기호 · 디자인 등을 말하며, 브랜드에는 고유의 브랜드 네임이 있습니다. 우리가 주변에서 흔히 찾아볼 수 있는 옷이나 가방 등 여러 제품의 브랜드 네임을 떠올려보면 쉽게 이해됩니다.

▲ 구찌, 나이키, 애플 등 주변에서 찾아볼 수 있는 브랜드와 브랜드 네임

브랜드 개념을 유튜브에 적용해보겠습니다. 여러분이 만든 유튜브 채널이 곧 브랜드이고, 채널명은 브랜드 네임입니다. 여기까지 준비되었다면 다음으로는 유튜브 채널을 어떻게 알릴지 고민해야 하는데, 이와 같은 일을 바로 브랜딩이라고 합니다. 브랜딩은 브랜드의 가치나 이미지를 소비자에게 인식시키기 위한 과정을 말합니다.

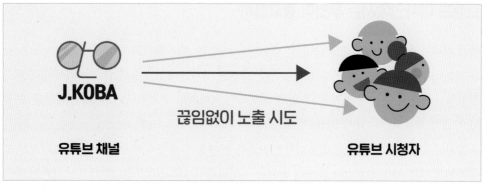

▲ 유튜브 채널(브랜드)을 시청자에게 알리는 과정은 브랜딩과 같음

브랜딩에는 로고나 채널 광고 등 여러 요소가 필요합니다. 이때 소비자와의 접점이 되는 모든 시각적인 요소를 디자인하는 것을 브랜드 디자인이라고 합니다. 브랜드 디자인이 잘 확립된 〈14F 일사에프〉 채널의 예시를 살펴보겠습니다.

▲ 브랜드 디자인이 잘 확립된 〈14F 일사에프〉 채널

〈14F 일사에프〉 채널은 민트색과 보라색을 활용해 로고, 섬네일, 인트로, 아웃트로 등에 일관된 디자인을 적용했습니다. 이렇게 일관된 기준으로 디자인을 정리하면 시청자들은 〈14F 일사에프〉 채널의 로고나 영상을 언제 어디서 보더라도 한눈에 채널을 인지할 수 있습니다.

브랜드 디자인에서는 무엇이 중요할까

영상 섬네일이나 인트로, 배너 이미지, 사용된 폰트 등 유튜브 채널과 콘텐츠를 통해 보이는 모든 것이 유튜브 브랜드 디자인의 요소입니다. 브랜드 디자인의 요소들이 잘 정리되어 있다면 시청자들이 브랜드를 쉽게 인지할 수 있고 긍정적인 이미지로 기억합니다. 이러한 채널을 '브랜딩'이 잘된 채널이라고 할 수 있습니다.

효과적인 브랜딩을 위해서는 모든 디자인 요소를 일관성 있게 통일해야 합니다. 대표적으로 활용하는 방법은 사용할 컬러나 폰트의 범위를 가이드라인으로 정해두는 것입니다. 일관된 컬러와 폰트를 바탕으로 채널의 타깃과 콘셉트를 명확하게 설정해 디자인하면 어렵지 않게 브랜드 디자인을 구현할 수 있습니다.

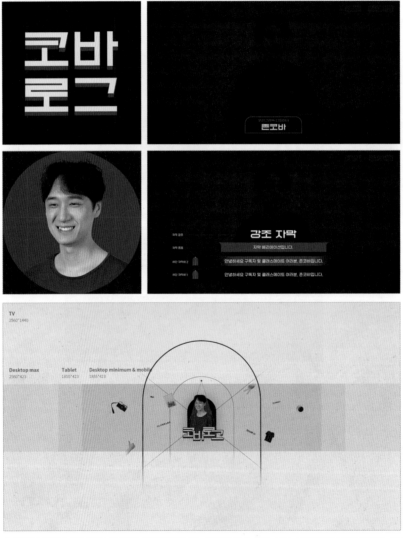

▲ 가상의 채널 〈코바로그〉의 브랜딩을 위한 일관성 있는 디자인 요소 예시. 블루, 블랙 컬러를 활용해 로고, 자막, 배너 이미지 등에서 세련된 느낌을 전달함

브랜드 디자인에서 가장 중요한 것은 무엇일까요? 그 디자인을 보는 대상, 즉 '시청자'에 대한 분석입니다. 따라서 채널의 타깃을 정확히 분석하고 콘텐츠에 반영해 타깃의 기억에 남을 만한 디자인을 꾸며나가야 합니다.

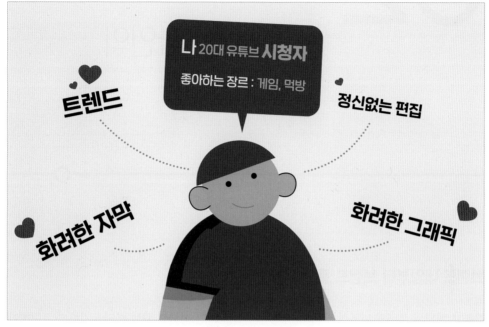

▲ 채널의 방향도 중요하지만 타깃 시청자가 원하는 부분을 고려하며 디자인해야 효과적

브랜딩은 의미나 콘셉트를 억지로 부여하는 것이 아닙니다. 브랜드 스타일과 특징을 꾸준히 유지하다 보면 채널이 만들어온 스토리나 발자취가 결국 브랜드의 가치가 됩니다. 이 점을 기억해 두고 앞서 설명했던 타이포, 컬러, 레이아웃 디자인을 바탕으로 유튜브 채널의 브랜드 디자인을 어떻게 하면 좋을지 그 노하우를 차근차근 알아보겠습니다.

유튜브 디자인

채널별 디자인

채널 특징 분석

타이포 디자인

컬러 디자인

레이아웃 디자인

유튜브 채널 브랜딩

디자인 트렌드

STEP 02

브랜드 디자인의 4단계

브랜드 네임부터 브랜드 로고 디자인까지

유튜브 채널의 브랜드 디자인을 하기 위해서는 먼저 어떤 성격의 채널을 만들지부터 고민해야 합니다. 채널의 주제를 확실하게 정해야 '브랜드 네임'인 채널명을 정할 수 있기 때문입니다. 결정한 브랜드 네임을 바탕으로 키워드를 분석하고 레퍼런스도 리서치해 브랜드 로고 디자인을 완성합니다. 이렇게 채널의 로고 디자인까지 완성하는 브랜드 디자인 과정을 크게 네 단계로 나누어 설명하겠습니다.

| 브랜드 네임 | 키워드 분석 | 리서치 | 브랜드 로고 디자인 |

▲ 간단하게 살펴보는 브랜드 디자인 과정

01 브랜드 네임을 정하는 단계

첫 번째 단계는 브랜드 네임, 즉 채널명을 정하는 것입니다. 채널명은 채널이 알려지고 난 후에는 바꾸기가 쉽지 않습니다. 채널명을 바꾸면 많은 구독자에게 혼란을 줄 뿐만 아니라 채널의 아이덴티티도 흔들릴 수 있기 때문입니다. 따라서 채널의 성격과 특징을 충분히 고려한 후 정하는 것이 좋습니다. 그렇지만 채널명을 정하느라 몇 달이고 유튜브를 시작하지 못해서는 안 됩니다. 멋진 이름을 생각하려고 시간을 보내며 애쓰기보다는 자기 자신과 관련된 단어나 다루는 콘텐츠와 관련된 단어를 조합해봅니다.

▲ 〈JohnKOBA Design〉 채널처럼 자신의 이름이나 닉네임에 채널의 성격을 보여줄 수 있는 키워드를 추가해 채널명을 만들 수 있음

〈JohnKOBA Design〉 채널은 평소 지인들이 저를 부르던 별명인 '코바(KOBA)'에 제 영문 이름인 '존(John)'을 붙여 '존코바(JohnKOBA)'라는 이름으로 먼저 탄생했습니다. 디자인이란 주제와는 전혀 관련이 없는 이름이었지만, 제가 운영하는 채널이니 제 아이덴티티가 담겼으면 충분하다고 생각했습니다. 그리고 여기에 채널의 성격을 나타내는 '디자인(Design)'을 붙여 어떤 주제의 채널인지도 알 수 있게 했습니다.

- **존코바(JohnKOBA)** | 닉네임만으로는 어떤 채널인지 알 수 없음
- **존코바 디자인(JohnKOBA Design)** | 닉네임에 디자인을 붙여 디자인 채널이라는 것을 직관적으로 알 수 있게 함

이렇게 채널의 성격을 알 수 있는 단어를 채널명에 사용하면 시청자들이 훨씬 더 직관적으로 채널을 파악할 수 있습니다. 채널명만 보고도 어떤 주제의 채널인지 알 수 있다면 브랜딩이 잘 되었다고 할 수 있겠죠.

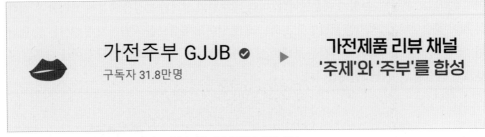

▲ 채널명만 보고도 어떤 채널인지 한눈에 파악할 수 있는 〈가전주부 GJJB〉 채널

02 타깃, 콘셉트를 바탕으로 키워드를 도출하는 단계

두 번째는 키워드를 분석하는 단계입니다. 예를 들어 게임 채널이라면 게임과 관련된 키워드를 하나하나 적어봅니다. 어떤 키워드를 적어도 무방하지만 다음에 이어지는 단계를 위해 디자인 요소를 생각하며 정리하면 더 좋습니다.

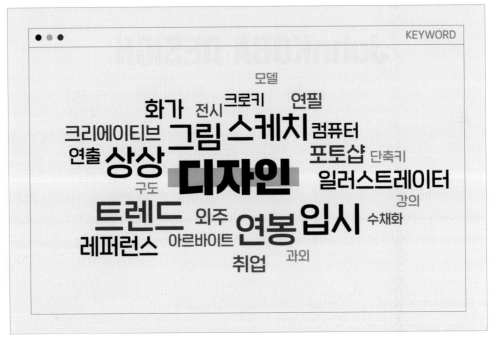

▲ 무드 보드를 제작하듯 채널의 주제부터 시작해 키워드를 하나씩 도출

이때 마인드맵처럼 키워드를 특성에 맞게 분류하며 적거나, 쉬운 영어 단어로 적어두면 다음 '리서치' 단계에도 도움이 됩니다.

▲ 콘텐츠의 특성에 따라 키워드를 분류하며 정리

03 키워드로 디자인 레퍼런스를 수집하는 리서치 단계

세 번째는 정리한 키워드를 바탕으로 디자인 레퍼런스를 수집하는 단계입니다. 이때 로고 디자인에 바로 적용할 수 있도록 완성된 디자인 소스나 아이콘을 미리 찾아두어도 좋습니다. 완성된 디자인 소스나 아이콘을 활용하면 작업이 훨씬 수월해져 비교적 간단하게 로고를 만들 수 있기 때문입니다.

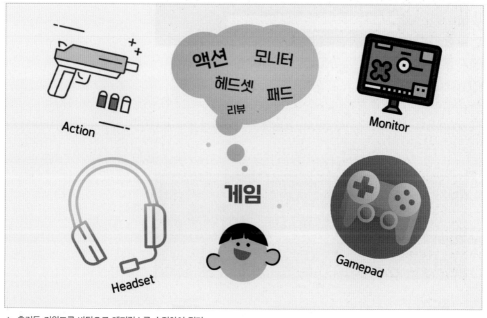

▲ 추려둔 키워드를 바탕으로 레퍼런스를 수집하여 정리

유튜브 디자인?

채널명 디자인

채널 특징 분석

타이포 디자인

컬러 디자인

레이아웃 디자인

유튜브 브랜딩

디자인 트렌드

디자인 소스를 찾을 수 있는 웹사이트를 통해 앞서 정리해둔 단어들을 검색하고, 채널과 어울릴 것 같은 시각 자료를 찾아 수집합니다. 로고 디자인을 위해 아이콘이나 일러스트를 수집해도 좋고, 영상 콘텐츠에 사용할 감성적인 이미지를 수집해도 좋습니다.

디자인 참견러 존코바의 핵심 코칭

무료로 디자인 소스를 활용할 수 있는 웹사이트

프리픽(www.freepik.com)은 무료 아이콘을 찾을 때 유용합니다. 프리픽은 이미지를 포함해 일러스트 등의 디자인 소스를 많이 보유하고 있는 웹사이트로, 유료 소스도 있지만 무료 소스도 많습니다.

플랫아이콘(www.flaticon.com)도 무료 아이콘을 찾을 때 유용합니다. 마찬가지로 유료 소스도 있지만 무료 소스도 많습니다.

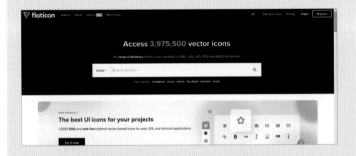

펙셀스(www.pexels.com/ko-kr)는 품질 좋은 사진을 찾을 때 유용하며, 기본적으로는 무료 자료를 기반으로 운영됩니다.

핀터레스트(www.pinterest.co.kr)는 각종 이미지, 일러스트 등 디자인 레퍼런스를 참고하기 좋은 웹사이트로, 가입해야만 이용할 수 있습니다. 참고로 영문 키워드로 검색해야 디자인 관련 레퍼런스를 더 쉽게 찾을 수 있습니다. 예를 들어 '게임(game)'과 관련된 자료를 찾는다면 'game + design', 'game + Youtube design', 'game + logo'와 같이 영문 키워드를 조합해 검색합니다.

04 심벌과 워드 마크를 활용하는 브랜드 로고 디자인 단계

네 번째는 지금까지 모아둔 레퍼런스를 참고해 나만의 로고를 만드는 단계입니다. 로고는 보통 심벌과 워드 마크로 구성됩니다. 이 두 가지를 조합한 형태를 가장 많이 사용하는데, 때에 따라 심벌 또는 워드 마크만을 사용해 로고를 만들기도 합니다.

- **심벌** | 이미지나 디자인 요소로만 제작
- **워드 마크** | 텍스트에 디자인 요소를 추가하여 제작
- **심벌 + 워드 마크** | 이미지나 디자인 요소와 텍스트를 함께 사용하여 제작

▲ 심벌과 워드 마크로 구성되는 로고 디자인

생각했던 이미지를 여러 가지 방식으로 표현하고 조합해보면서 가장 눈에 띄는 로고를 만들어봅니다. 로고는 작게 보이는 경우가 많아서 선이 가느다란 폰트보다는 굵은 폰트를 활용해 가독성을 높이는 것이 좋습니다. 또한 여러 컬러를 적용해보며 채널을 가장 잘 표현할 수 있는 조합도 찾아봅니다.

유튜브 디자인

채널별 디자인

채널 특징 분석

타이틀 디자인

컬러 디자인

레이아웃 디자인

유튜브 브랜딩

디자인 트렌드

브이로그
캐릭터를 활용

브이로그
워드 마크로 제작

▲ 〈빠니보틀 Pani Bottle〉 채널처럼 브이로그 채널은 이미지 또는 캐릭터 심벌만을 활용한 로고가 많고, 〈마세슾 My Safe Space〉
채널처럼 워드 마크만을 활용한 로고는 채널의 성격을 직관적으로 알려줌

로고 디자인에 이미지를 활용할 때는 적절한 여백을 두고 너무 답답해 보이거나 작아 보이지 않
게 배치해야 합니다. 이미지를 배치하고 나서 워드 마크를 추가해도 되지만, 로고는 보통 아주
작게 보이므로 둘 다 배치해도 잘 보이는지 살펴보고 추가해야 합니다.

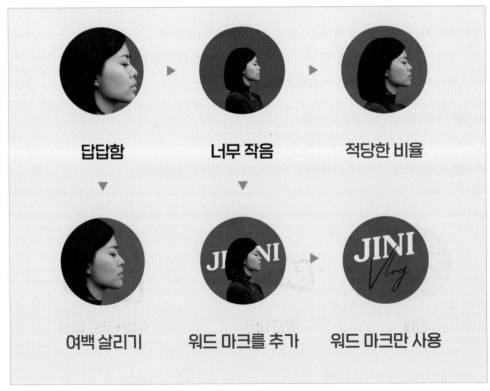

답답함 ▶ 너무 작음 ▶ 적당한 비율

여백 살리기 ▶ 워드 마크를 추가 ▶ 워드 마크만 사용

▲ 로고 디자인에 이미지가 포함된다면 여백과 크기를 적절히 고려해 배치해야 함

로고는 일러스트레이터 프로그램을 활용해 벡터 형식으로 만드는 것이 일반적입니다. 벡터 형
식은 크기 조절이 자유롭고, 인쇄하면 더욱 선명하다는 특징이 있습니다. 하지만 유튜브 로고
는 인쇄하기보다 주로 화면 송출용으로 활용하므로 처음에는 포토샵에서 로고를 만들어도 괜

찮습니다. 다만 가능하면 크게 만들어야 여기저기 활용하기가 좋습니다. 큰 이미지를 줄이는 것은 문제가 되지 않지만, 작은 이미지를 키우면 해상도가 저하될 수 있기 때문입니다.

알아두면 쓸모 있는 ▶ TIP 벡터 형식과 비트맵 형식

비트맵 형식은 픽셀로 이루어진 이미지이고, 벡터 형식은 컴퓨터의 계산된 값에 의해 만들어진 이미지입니다. 포토샵에서 작업하는 PSD 파일은 보통 비트맵 형식이고, 일러스트레이터에서 작업하는 AI 파일은 벡터 형식입니다. 포토샵에서도 셰이프 도구로 만든 벡터 형식의 셰이프는 크기를 크게 하거나 작게 해도 해상도가 깨지지 않아 로고 만들기에 유용합니다. 벡터 형식의 로고를 만드는 방법에 관해서는 284쪽에서 자세히 알아봅니다.

네 번째 단계까지 완료해 로고를 완성했다면 브랜드 디자인은 절반 이상 끝난 것이나 다름없습니다. 완성된 로고 디자인을 바탕으로 다른 요소를 만들어가며 디자인의 통일성을 유지하도록 합니다.

채널 컨셉 디자인

채널 레이아웃 디자인

채널 특징 분석

타이틀 디자인

브랜드 디자인

레이아웃 디자인

채널 브랜딩

디자인 트렌드

STEP 03

브랜드 디자인
가이드라인 만들기

컬러와 폰트로 대표되는 브랜드 디자인 가이드라인

브랜드 디자인 과정을 통해 콘셉트, 방향, 타깃이 어느 정도 정해졌다면 추가적인 디자인 요소 작업을 위한 가이드라인을 만들 차례입니다. 로고를 바탕으로 메인 컬러와 폰트를 정하고, 배너 이미지, 섬네일, 인트로, 아웃트로 등의 디자인 가이드라인을 정리합니다. 이 가이드라인을 기준으로 모든 디자인을 일관성 있게 통일해야 브랜드 디자인의 정체성이 확립되어 시청자들이 어떠한 콘텐츠를 봐도 여러분의 채널이라는 것을 인지할 수 있습니다.

▲ 간단하게 정리한 〈JohnKOBA Design〉 채널의 브랜드 디자인 가이드라인

가이드라인에는 디자인 규격이 포함되면 좋습니다. 또한 폴더를 따로 만들어 가이드라인을 저장해두면 추후에 콘텐츠를 만들 때마다 통일성을 유지하기 쉽습니다. 다른 편집자 혹은 디자이너에게 일을 맡기거나 협업할 때도 가이드라인만 전달하면 채널 디자인의 정체성을 꾸준히 유지할 수 있습니다.

01 컬러

먼저 채널의 전체적인 분위기를 만들어줄 메인 컬러(Primary Color)를 정해야 합니다. 로고에 사용된 컬러를 활용하는 것도 좋은 방법입니다. 메인 컬러를 정했다면 세컨더리 컬러(Secondary Color)와 엑스트라 컬러(Extra Color)까지 정해둡니다. 디자인할 때 여기서 정한 컬러 위주로만 사용하는 것이 좋으며, 다른 컬러가 더 필요하다면 전체적인 톤에 방해가 되지 않을 정도로만 추가합니다.

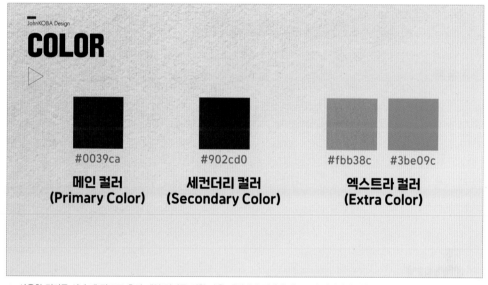

▲ 사용할 컬러를 서너 개 정도로 추려 메인 컬러를 정한 다음 세컨더리 컬러와 엑스트라 컬러까지 정함

알아두면 쓸모 있는 ▶ TIP 컬러 넘버(색상 코드)
디자인 가이드라인을 만들 때는 나중에 사용하기 편리하도록 컬러 넘버를 꼭 포함해둡니다. 컬러 넘버를 알아두면 포토샵이나 일러스트레이터 등의 디자인 프로그램에서 컬러를 쉽게 선택할 수 있습니다.

유튜브 디자인

채널별 디자인

채널 특징 분석

타이포 디자인

컬러 디자인

레이아웃 디자인

유튜브 브랜딩

디자인 트렌드

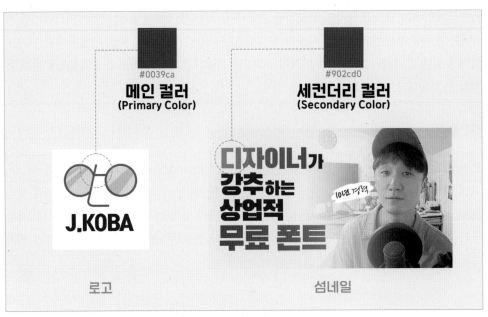

#0039ca

메인 컬러
(Primary Color)

#902cd0

세컨더리 컬러
(Secondary Color)

로고

썸네일

▲ 사용하기로 정한 컬러는 모든 유튜브 채널 디자인 요소에 적용해 통일성을 유지

02 폰트

폰트는 간단합니다. 채널의 성격에 따라서 고딕, 명조, 손글씨 폰트 중 하나를 선택합니다. 어떤 상황에 어떤 폰트를 적용할지 정리해두면 디자인 요소들을 만들 때 헤매거나 다양한 폰트가 섞이는 상황을 방지할 수 있습니다. 또한 한글 폰트만 정해도 큰 지장은 없지만, 한글과 영문 폰트를 다르게 지정하는 편이 더 낫습니다. 추천 폰트나 각 폰트에 관한 자세한 설명은 096쪽을 참고합니다.

JohnKOBA Design

FONT

	한글 폰트(KOREAN)	영문 폰트(ENGLISH)
제목(TITLE)	격동 고딕체 유료	Futura
자막(SUBTITLE)	네모니2체 유료	Noto Sans CJK KR
그 외	지마켓 산스체	

▲ 제목에는 주목성이 좋은 굵은 폰트를 사용하는 것이 좋고, 자막에는 과하지 않은 폰트를 사용하는 것이 좋음

한글 폰트로 영문을 입력하면 영문 전용 폰트만큼 정리되어 보이지 않습니다. 따라서 한글과 영문 폰트를 구분하는 것이 좋습니다.

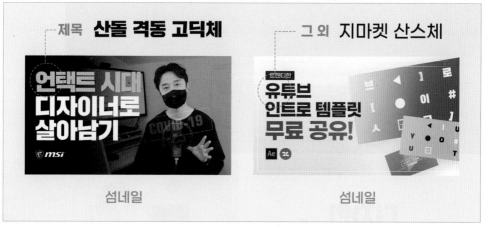

▲ 〈JohnKOBA Design〉 채널에 폰트가 적용된 사례로, 제목에는 '산돌 격동 고딕체(유료)', 그 외에는 '지마켓 산스체(무료)'를 사용

다양한 요소별 브랜드 디자인 가이드라인

컬러와 폰트라는 큰 틀을 정했다면 유튜브 브랜딩에 필요한 나머지 디자인 요소들의 가이드라인을 만들어가야 합니다. 대표 요소인 로고, 섬네일, 배너 이미지, 인트로, 아웃트로, 자막 등에 앞서 정리했던 디자인 방향, 컬러, 폰트와 같은 브랜드 디자인이 일관성 있게 녹아 있어야 합니다. 시청자들이 섬네일이나 자막 디자인만 봐도 '그 채널에서 만든 건가'라고 알아챌 정도로 브랜드 디자인을 확립해나가야 유튜브 채널의 브랜딩이 이루어집니다. 그리고 이렇게 만든 가이드라인은 PDF나 JPG 파일로 저장해두면 좋습니다.

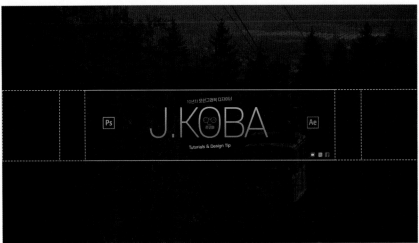

▲ 〈JohnKOBA Design〉 채널에서 실제로 사용되는 디자인 요소들로, 채널의 메인 컬러와 폰트가 포함되어 있음

마지막으로 유튜브 채널의 디자인 요소별 기본 크기도 함께 알아보겠습니다. 종류별로 다른 크기의 가이드라인에 맞춰서 요소를 제작하면 잘리는 부분 없이 명확하게 보여줄 수 있습니다.

● **프로필 사진 |** 800×800px

● **배너 이미지 |** TV, 컴퓨터 모니터, 태블릿 등에 따라 다름

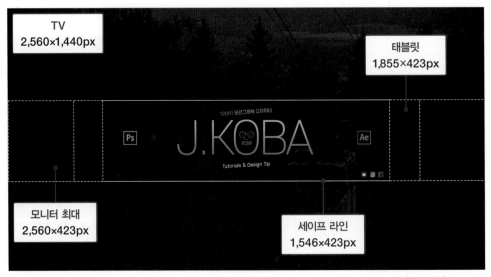

▲ 기기별 배너 이미지 크기

- **섬네일** | 1,280×720px(1,920×1,080px로 크게 작업해도 무방함)

- **인트로, 아웃트로** | 1,920×1,080px

- **자막 가이드라인** | 1,920×1,080px

이러한 가이드라인이 모여 브랜드 디자인이 완성되며, 꾸준한 브랜딩을 해나간다면 여러분의 채널이 시청자들의 기억 속에 남게 될 것입니다. 그럼 지금까지 배운 가이드라인에 따라 본격적으로 브랜드 디자인 요소를 제작해보겠습니다.

유튜브 디자인

채널명 디자인

채널 특징 분석

타이포 디자인

컬러 디자인

레이아웃 디자인

영상 브랜딩

디자인 트렌드

STEP 04

미니멀한
입체 로고 만들기

파일 Part 02/Chapter 04/브랜딩_예제1_준비.psd, 브랜딩_예제1_완성.psd

학습 내용	● 벡터 형식의 셰이프로 로고 만들기
	● 셰이프 도구를 활용해 셰이프에 입체감 더하기
	● 일반 레이어를 스마트 오브젝트 레이어로 만들기
핵심 기능	Solid Color, Free Transform(자유 변형 모드), Smart Object(스마트 오브젝트), Photo Filter

셰이프 도구로 벡터 로고 만들기

01 ❶ Ctrl + O 를 눌러 **브랜딩_예제1_준비.psd** 파일을 불러옵니다. ❷ [Layers] 패널 하
단의 Create new fill or adjustment layer ◓를 클릭하고 ❸ [Solid Color]를 클릭합
니다.

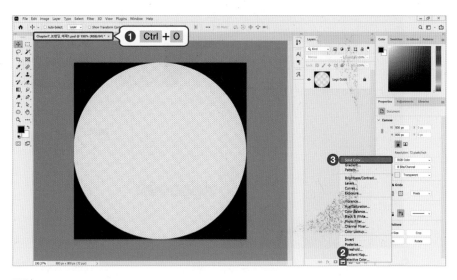

> **TIP** 유튜브 프로필 사진에 업로드되는 이미지의 권장 크기는 800×800px입니다.

02 [Color Picker] 대화상자가 나타나면 ❶ 연보라색(**#CF89FB**)으로 지정하고 ❷ [OK]
를 클릭합니다.

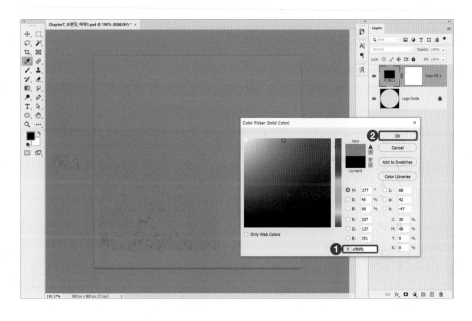

유튜브 디자인

채널 브랜딩 디자인

채널 특징 분석

타이틀 디자인

로고 디자인

레이아웃 디자인

유튜브 디자인

디자인 트렌드

03 ❶ [Color Fill 1] 레이어를 클릭하고 ❷ [Logo Guide] 레이어 아래쪽으로 드래그합니다. ❸ [Color Fill 1] 레이어를 더블클릭합니다. ❹ [Layer Style] 대화상자가 나타나면 [Gradient Overlay]를 클릭하고 ❺ [Blend Mode]는 [Overlay], [Opacity]는 50, [Angle]은 90, [Scale]은 150으로 설정한 후 ❻ [OK]를 클릭합니다.

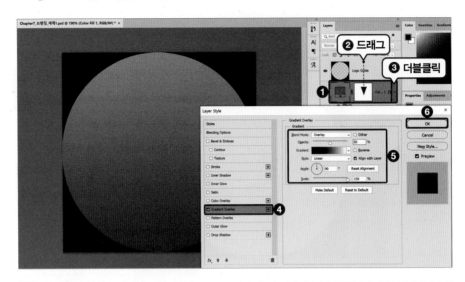

TIP [Layer Style] 대화상자를 불러오려면 레이어를 더블클릭해야 하는데, 이때 레이어의 섬네일이나 이름 부분이 아니라 이름 오른쪽의 빈 영역을 더블클릭해야 합니다.

04 본격적으로 로고를 만들어보겠습니다. ❶ 사각형 셰이프 도구□를 클릭하고 ❷ 옵션바에서 [Fill]의 컬러 박스를 클릭합니다. ❸ 컬러 팔레트□를 클릭하고 ❹ 흰색(#FFFFFF)으로 지정한 후 ❺ [OK]를 클릭합니다. ❻ 같은 방법으로 [Stroke]는 검은색(#000000), 20px로 지정합니다.

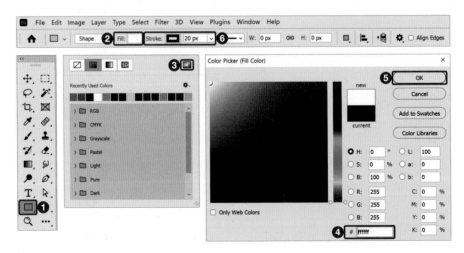

TIP 셰이프 도구로 만든 벡터 형식의 셰이프는 크기를 크게 하거나 작게 해도 해상도가 깨지지 않아 로고 만들기에 유용합니다. 비트맵 형식은 픽셀로 이루어진 이미지이고, 벡터 형식은 컴퓨터의 계산된 값에 의해 만들어진 이미지입니다. 포토샵에서 작업하는 PSD 파일은 보통 비트맵 형식인데 일부 기능이 벡터 형식을 지원합니다.

05 ❶ 로고 가이드 안쪽에 Shift 를 누른 채 드래그하여 정사각형을 만듭니다. ❷ [Rectangle 1] 레이어를 Ctrl 을 누른 채 클릭하여 선택을 해제합니다.

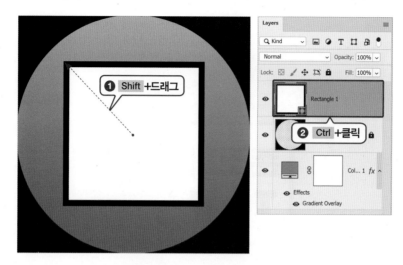

TIP Alt 를 누른 채 드래그하면 클릭한 지점부터 셰이프를 만들 수 있습니다.

06 ❶ 문자 도구 T 를 클릭하고 ❷ [Character] 패널에서 폰트는 [Black Han Sans], 크기는 150pt로 설정한 후 ❸ **존코바**를 입력합니다. ❹ 생성된 [존코바] 문자 레이어를 클릭하고 ❺ Ctrl + J 를 눌러 레이어를 복제합니다. ❻ 이동 도구 ✛ 를 클릭하고 ❼ 아트보드에서 복제한 '존코바'를 아래쪽으로 드래그합니다.

07 ❶ [존코바 copy] 문자 레이어의 섬네일을 더블클릭합니다. ❷ 텍스트를 수정할 수 있는 상태가 되면 '존코바'를 지우고 TV를 입력합니다. 이때 'T'와 'V' 사이는 적당히 띄어 씁니다.

08 ❶ 선 셰이프 도구 ✎ 를 클릭하고 ❷ 옵션바의 [Fill]과 [Stroke]는 앞서 적용한 설정을 그대로 사용합니다. ❸ 'T'와 'V' 사이에 드래그하여 선 셰이프를 만듭니다.

TIP [Stroke]를 설정한 후 선을 만들었는데 선이 나타나지 않고 패스 선만 보인다면 옵션바에서 [Shape]의 선택 상태를 확인하거나 [Stroke Options]를 열어 선의 종류를 선택합니다.

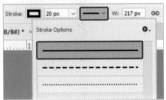

선 셰이프 도구로 로고에 입체감 더하기

09 로고에 입체감을 더해보겠습니다. ❶ [Rectangle 1] 레이어를 클릭합니다. ❷ 이동 도구 🕀를 클릭한 후 ❸ Alt 를 누른 채 드래그하여 복제합니다.

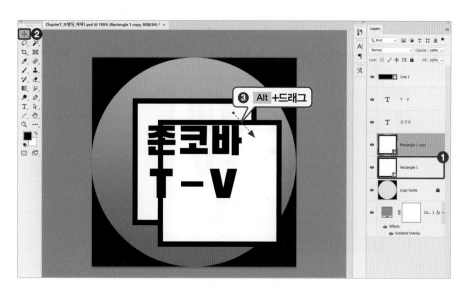

10 ❶ 복제한 [Rectangle 1 copy] 레이어를 [Rectangle 1] 레이어 아래쪽으로 드래그합니다. ❷ [Rectangle 1 copy] 레이어의 섬네일을 더블클릭해 ❸ [Color Picker] 대화상자가 나타나면 색을 진한 보라색(#711EA5)으로 변경하고 ❹ [OK]를 클릭합니다. ❺ [Rectangle 1 copy] 레이어를 Ctrl 을 누른 채 클릭하여 선택을 해제합니다.

11 ❶ 선 셰이프 도구 ▱ 를 클릭하고 ❷ 옵션바의 [Fill]과 [Stroke]는 앞서 적용한 설정을 그대로 사용합니다. ❸ 사각형의 모서리 지점에서 드래그해 선 셰이프를 만듭니다.

12 ❶ 이동 도구 ⊕ 를 클릭합니다. ❷ [Line 2] 레이어를 클릭하고 ❸ 아트보드에서 Alt 를 누른 채 아래쪽으로 드래그하여 복제합니다. ❹ [Line 2 copy] 레이어를 클릭하고 ❺ 아트보드에서 Alt 를 누른 채 왼쪽으로 드래그하여 복제합니다. 모서리 지점이 잘 맞지 않는다면 방향키로 조절하면서 위치를 정확하게 맞춥니다.

TIP Smart Guides를 활성화해두면 오브젝트의 위치를 조절하기가 수월합니다. [View]–[Show]–[Smart Guides] 메뉴를 클릭해 체크하면 Smart Guides가 활성화됩니다.

스마트 오브젝트로 변경하고 기울기 조정하기

13 ❶ [Line 2 copy 2] 레이어를 클릭하고 ❷ [Rectangle 1 copy] 레이어를 Shift 를 누른 채 클릭하여 지금까지 만든 레이어를 모두 선택합니다. ❸ 마우스 오른쪽 버튼을 클릭하고 ❹ [Convert to Smart Object]를 클릭해 스마트 오브젝트로 변경합니다.

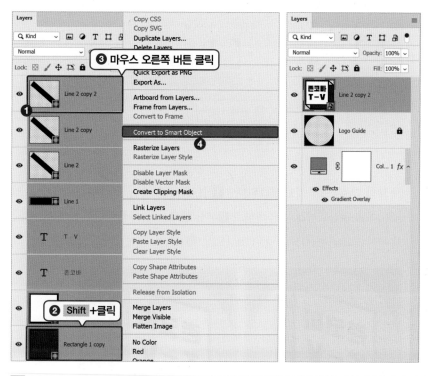

> **TIP** 스마트 오브젝트(Smart Object)는 하나의 포토샵 파일처럼 취급되어 레이어의 섬네일을 더블클릭하면 새로운 작업 화면이 나타납니다. [Line 2 copy 2] 레이어의 섬네일을 더블클릭해 확인해보세요. 스마트 오브젝트로 만들어두면 크기를 줄였다가 다시 키워도 이미지의 원본 형태가 유지됩니다.

14 ❶ Ctrl + T 를 누릅니다. ❷ 오른쪽 가운데에 있는 조절점을 Ctrl 을 누른 채 위쪽으로 드래그하여 기울기를 조절합니다. ❸ 적당한 크기로 조절하고 가운데에 배치한 후 Enter 를 눌러 수정을 완료합니다.

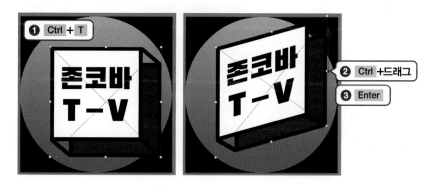

15 ❶ [Line 2 copy 2] 레이어를 [Logo Guide] 레이어 아래쪽으로 드래그합니다. ❷ [Color Fill 1] 레이어를 Ctrl 을 누른 채 클릭하여 두 레이어를 함께 선택하고 ❸ Ctrl + G 를 눌러 그룹으로 묶습니다.

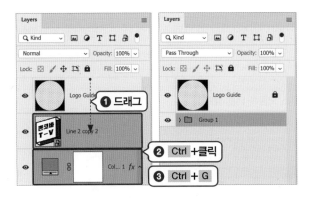

16 로고의 색을 보정해보겠습니다. ❶ [Layers] 패널 하단의 Create new fill or adjustment layer ◕를 클릭하고 ❷ [Photo Filter]를 클릭합니다. ❸ [Properties] 패널에서 [Filter]는 [Cooling Filter (80)], ❹ [Density]는 25로 설정합니다.

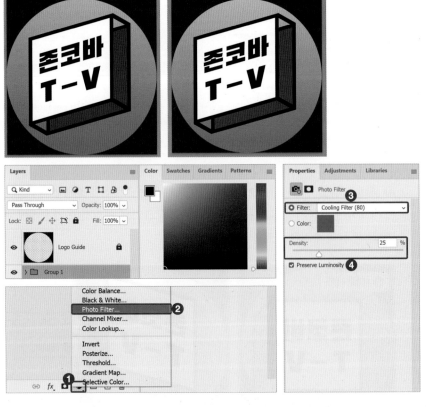

TIP 저장할 때는 [Logo Guide] 레이어의 눈 ◉을 클릭해 로고 가이드가 보이지 않게 설정한 후 저장합니다.

17 미니멀한 콘셉트의 입체 로고가 완성되었습니다. 유튜브 프로필 사진에 등록하면 로고 가이드를 나타나게 했을 때처럼 원 모양 안에 배치됩니다.

유튜브 디자인

채널별 디자인

채널 특징 분석

타이틀 디자인

링컨 디자인

레이아웃 디자인

유튜브 채널 브랜딩

디자인 트렌드

STEP 05
이미지와 두들을 활용해 로고 만들기

파일 Part 02/Chapter 04/브랜딩_예제2_준비.psd, Woman Image.jpg, 브랜딩_예제2_완성.psd

AFTER

BEFORE

학습 내용
- Subject와 레이어 마스크로 선택 영역만 보이게 하기
- Levels와 Color Balance로 배경과 조화롭게 이미지 보정하기
- 손그림 느낌의 두들(Doodle) 디자인 요소 만들기

핵심 기능 Subject(선택 영역 지정), 레이어 마스크, Adjustment Layer, ZigZag

Subject와 레이어 마스크로 선택 영역만 보이게 하기

01 ❶ Ctrl + O 를 눌러 **브랜딩_예제2_준비.psd** 파일을 불러옵니다. ❷ 한 번 더 Ctrl + O 를 눌러 Woman Image.jpg 파일을 불러옵니다.

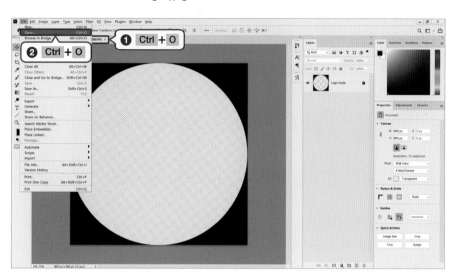

02 ❶ 이동 도구 ⊕ 를 클릭하고 ❷ 이미지를 파일 탭으로 드래그하면 기존의 작업 화면이 나타납니다.

03 기존의 작업 화면이 나타나면 아트보드에 드래그해 이미지 소스를 복사해옵니다.

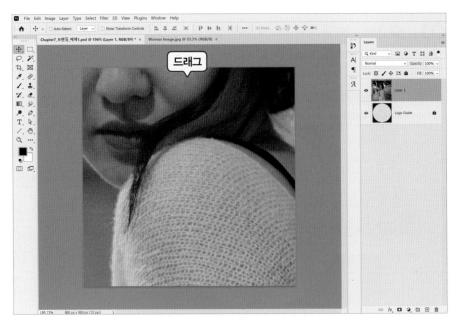

TIP 원본 이미지의 크기가 매우 커서 크기를 조절하기 전에는 이미지의 일부만 보이게 됩니다. 아무리 작은 크기의 작업물이라도 항상 해상도가 높고 화질이 좋은 이미지를 사용하는 것이 좋습니다.

04 ❶ [Layer 1] 레이어를 [Logo Guide] 레이어 아래쪽으로 드래그합니다. ❷ 얼굴이 아트보드 중앙에 배치되도록 아트보드에서 드래그해 위치를 조절합니다.

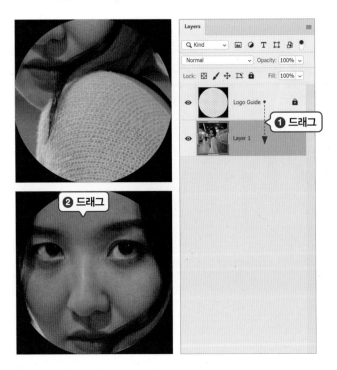

05 ❶ Ctrl + T 를 누릅니다. 이미지 크기가 너무 커서 조절점이 잘 보이지 않으므로 옵션 바의 항목으로 크기를 줄여보겠습니다. ❷ 옵션바에서 이 클릭된 상태로 ❸ [W]를 30%로 설정합니다. ❹ 아트보드에서 이미지를 드래그해 가운데에 배치합니다.

06 ❶ [Layer 1] 레이어를 클릭하고 ❷ [Select]−[Subject] 메뉴를 클릭합니다. 사람 영역 만 선택된 상태가 됩니다. ❸ [Layers] 패널 하단의 Add a mask 를 클릭해 레이어 마스크를 추가합니다. 선택 영역만 보이게 됩니다.

Levels와 Color Balance로 이미지 보정하기

07 ❶ [Layers] 패널 하단의 Create new fill or adjustment layer◑를 클릭하고 ❷ [Solid Color]를 클릭합니다. ❸ [Color Picker] 대화상자가 나타나면 밝은 파란색 (#BFC9F7)으로 지정하고 ❹ [OK]를 클릭합니다.

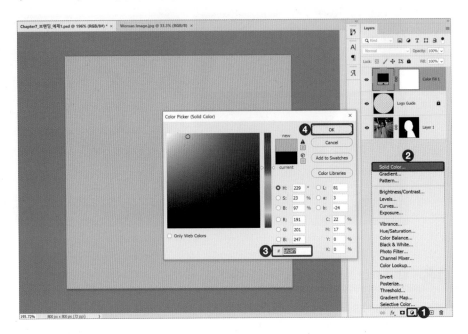

08 배경색과 비슷한 색감으로 이미지를 보정해보겠습니다. ❶ [Color Fill 1] 레이어를 맨 아래쪽으로 드래그합니다. ❷ [Layer 1] 레이어를 마우스 오른쪽 버튼으로 클릭하고 ❸ [Convert to Smart Obejct]를 클릭해 스마트 오브젝트로 변경합니다.

09 ❶ [Image]-[Adjustments]-[Levels] `Ctrl` + `L` 메뉴를 클릭합니다. ❷ [Levels] 대화상자가 나타나면 [Adjust midtone input level]은 **1.25**, [Adjust highlight input level]은 **230**, ❸ [Adjust shadow output level]은 **15**로 변경한 후 ❹ [OK]를 클릭합니다.

TIP Levels는 이미지의 노출값을 보정하는 기능입니다.

10 ❶ [Image]-[Adjustments]-[Color Balance] `Ctrl` + `B` 메뉴를 클릭합니다. ❷ [Color Balance] 대화상자가 나타나면 [Color Levels]를 **-15, 0, +40**으로 설정하고 ❸ [OK]를 클릭합니다.

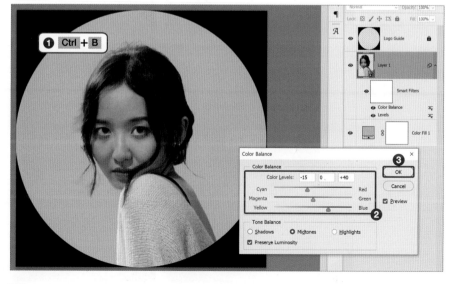

TIP Color Balance는 이미지의 어두운 톤, 중간 톤, 밝은 톤을 조절하는 기능입니다.

셰이프 도구로 디자인 요소 만들기

11 손그림 느낌의 두들(Doodle) 디자인 요소를 만들어 완성도를 높여보겠습니다. ❶ 타원 셰이프 도구 ◎ 를 클릭하고 ❷ 옵션바에서 [Fill]의 컬러 박스를 클릭해 ❸ 해제합니다. ❹ [Stroke]의 컬러 박스를 클릭해 ❺ 흰색(#FFFFFF)으로 지정합니다. ❻ 선의 굵기는 **5px**로 지정합니다.

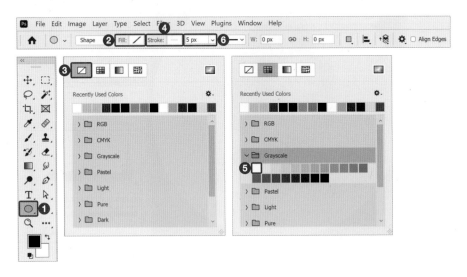

12 안경의 테두리 모양 셰이프를 만들어보겠습니다. ❶ 볼 부분에 Shift 를 누른 채 드래그하여 정원 셰이프를 만듭니다. ❷ 이동 도구 ⊕ 를 클릭하고 ❸ Alt 를 누른 채 오른쪽으로 드래그하여 복제합니다.

13 ❶ [Ellipse 1 copy] 레이어를 Ctrl 을 누른 채 클릭하여 선택을 해제합니다. ❷ 선 셰이프 도구 ✐를 클릭하고 ❸ 두 개의 정원 셰이프 사이에 Shift 를 누른 채 드래그하여 선 셰이프를 만듭니다. ❹ [Line 1] 레이어를 Ctrl 을 누른 채 클릭하여 선택을 해제합니다.

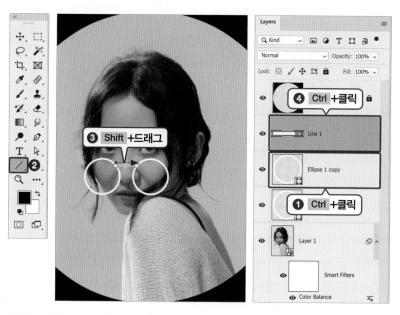

TIP 직전에 만든 셰이프의 레이어를 Ctrl 을 누른 채 클릭하여 선택을 해제한 다음에 다른 셰이프를 만들어야 레이어가 셰이프별로 분리되어 만들어집니다. 레이어가 합쳐진 형태로 셰이프가 만들어지면 수정이 어려우니 주의합니다.

14 ❶ Ctrl + + 를 여러 번 눌러 화면을 확대합니다. ❷ 안경 테두리 왼쪽에 드래그하여 선 셰이프를 만듭니다. ❸ 옵션바에서 [Stroke Options]의 ⌄를 클릭해 ❹ [Corners] 를 둥근 모양으로 설정합니다.

15 ❶❷❸같은 방법으로 선 셰이프 세 개를 더 만듭니다.

16 ❶ [Line 5] 레이어를 클릭하고 ❷ [Ellipse] 레이어를 Shift 를 누른 채 클릭하여 지금까지 만든 원 셰이프와 선 셰이프를 모두 함께 선택합니다. ❸ Ctrl + G 를 눌러 그룹으로 묶어주고 ❹ 레이어 그룹의 이름 부분을 더블클릭해 ❺ 이름을 Glasses로 변경합니다.

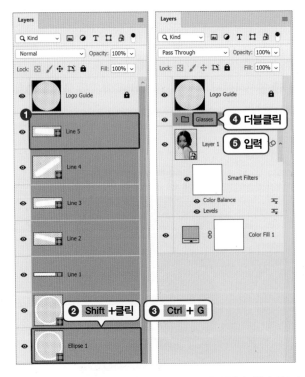

TIP 레이어의 이름 부분을 정확히 더블클릭해야 레이어의 이름을 수정할 수 있습니다.

17 이번에는 왕관 모양의 셰이프를 만들어보겠습니다. ❶ Ctrl + 0 을 눌러 다시 아트보드 전체가 보이게 하고 ❷ 펜 도구 🖊 를 클릭합니다. ❸ 옵션바의 [Fill]과 [Stroke]는 앞서 적용한 설정을 그대로 사용합니다. ❹ 시작 지점을 클릭한 후 ❺❻❼❽❾❿ 순서대로 각 지점을 클릭합니다. ⓫ 시작 지점을 다시 클릭해 작업을 완료합니다.

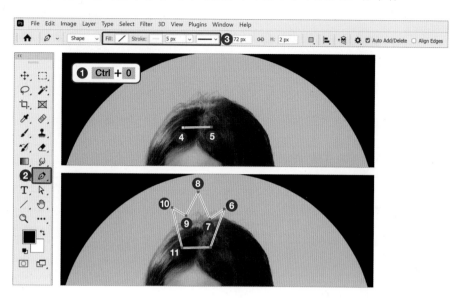

18 ❶ 타원 셰이프 도구 ⭕ 를 클릭하고 ❷ 옵션바에서 [Fill]은 흰색(#FFFFFF)으로 설정하고 [Stroke]는 해제합니다. ❸ Shift 를 누른 채 드래그하여 원 셰이프를 만듭니다. ❹ 이동 도구 ✛ 를 클릭하고 ❺❻ Alt 를 누른 채 드래그하여 원 셰이프를 두 개 더 복제합니다.

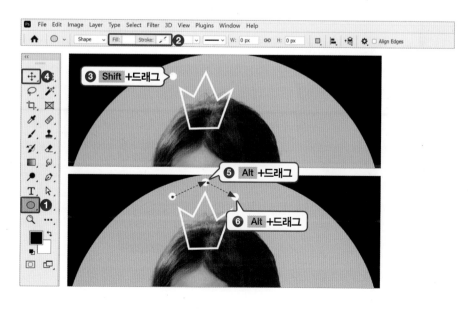

ZigZag 이펙트로 손그림 느낌 표현하기

19 ❶ [Shape 1] 레이어를 클릭하고 ❷❸❹ [Ellipse 2], [Ellipse 2 copy], [Ellipse 2 copy 2] 레이어를 Ctrl 을 누른 채 각각 클릭하여 모두 함께 선택합니다. ❺ Ctrl + G 를 눌러 그룹으로 묶어주고 ❻ 레이어 그룹의 이름 부분을 더블클릭해 ❼ 이름을 Crown으로 변경합니다. ❽ [Crown] 레이어 그룹이 선택된 상태로 ❾ Ctrl 을 누른 채 [Glasses] 레이어 그룹을 클릭하여 함께 선택합니다. ❿ 마우스 오른쪽 버튼을 클릭하고 ⓫ [Convert to Smart Object]를 클릭해 스마트 오브젝트로 변경합니다.

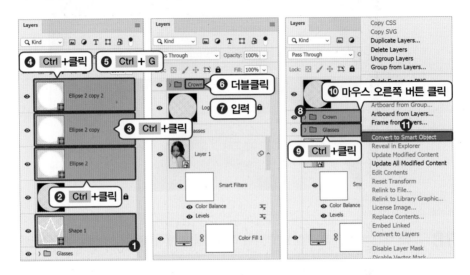

20 손그림 느낌을 표현하기 위해 선을 구불구불하게 만드는 ZigZag 이펙트를 적용해보 겠습니다. [Filter]-[Distort]-[ZigZag] 메뉴를 클릭합니다.

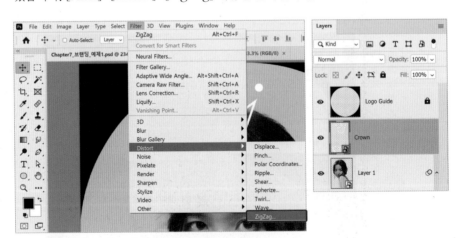

TIP ZigZag 이펙트는 선택한 이미지나 오브젝트를 구불구불하게 만들어줍니다.

21 ❶ [ZigZag] 대화상자가 나타나면 [Amount]는 2, [Ridges]는 7로 설정한 후 ❷ [OK]를 클릭합니다. 셰이프의 선이 구불구불하게 바뀌어 손그림 느낌이 표현되었습니다.

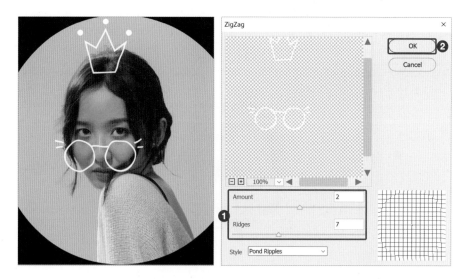

22 ❶ [Layer 1] 레이어를 클릭하고 ❷ [Crown] 레이어를 Ctrl 을 누른 채 클릭하여 두 레이어를 함께 선택합니다. ❸ 이동 도구 ⊕ 를 클릭하고 ❹ 아트보드 중앙에 배치되도록 드래그하여 이동합니다.

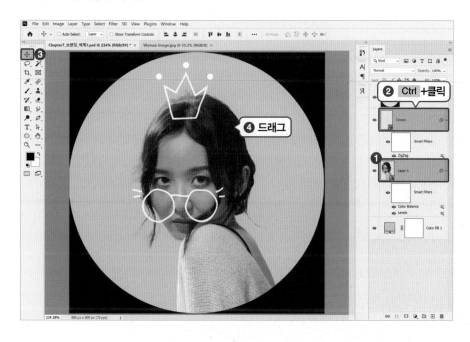

23 저장할 때는 [Logo Guide] 레이어의 눈  을 클릭해 로고 가이드가 보이지 않게 설정한 후 저장합니다.

24 이미지와 손그림 느낌의 두들(Doodle) 디자인 요소를 활용한 로고가 완성되었습니다. 유튜브 프로필 사진에 등록하면 로고 가이드를 나타나게 했을 때처럼 원 모양 안에 배치됩니다.

STEP **06**

로고를 활용해
인트로 디자인하기

파일 Part 02/Chapter 04/브랜딩_예제3_준비.psd, Wifi Icon.png, 브랜딩_예제3_완성.psd

AFTER

BEFORE

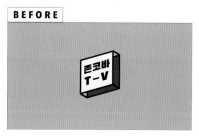

학습 내용   ● Gaussian Blur로 오브젝트가 반사되는 모습 표현하기

● 셰이프 도구로 디자인 요소를 만들어 밀도 채우기

● 더미 텍스트로 디자인 요소를 만들어 밀도 채우기

핵심 기능   Gaussian Blur, Outer Glow, Place Embedded, Lorem Ipsum(로렘 입숨)

유튜브 디자인

채널명 디자인

채널 특징 분석

타이포 디자인

컬러 디자인

레이아웃 디자인

유튜브 채널 브랜딩

디자인 트렌드

Gaussian Blur로 오브젝트가 반사되는 모습 표현하기

01   ❶ Ctrl + O 를 눌러 **브랜딩_예제3_준비.psd** 파일을 불러옵니다. ❷ 이동 도구 🕂 를 클릭합니다.

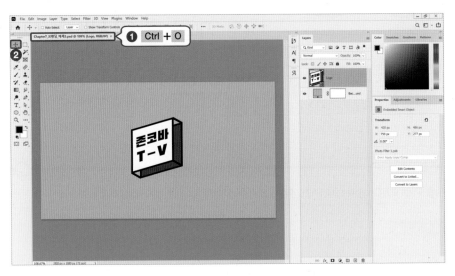

> **TIP** STEP 04에서 만든 로고를 활용해 인트로를 디자인해보겠습니다. 인트로 디자인의 크기는 유튜브 기본 영상 크기인 1,920×1,080px에 맞춰 설정합니다.

02   ❶ [Logo] 레이어를 클릭하고 ❷ Ctrl + J 를 눌러 레이어를 복제합니다. ❸ 복제된 오 브젝트를 아트보드에서 오른쪽 아래로 살짝 드래그해 이동합니다.

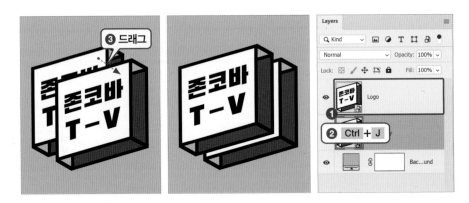

03   오브젝트가 반사되는 모습을 표현해보겠습니다. [Logo copy] 레이어가 선택된 상태 로 ❶ [Filter]–[Blur]–[Gaussian Blur] 메뉴를 클릭합니다. ❷ [Gaussian Blur] 대 화상자가 나타나면 [Radius]를 **10**으로 설정하고 ❸ [OK]를 클릭합니다. ❹ [Logo copy] 레이어의 [Opacity]를 **20%**로 설정합니다.

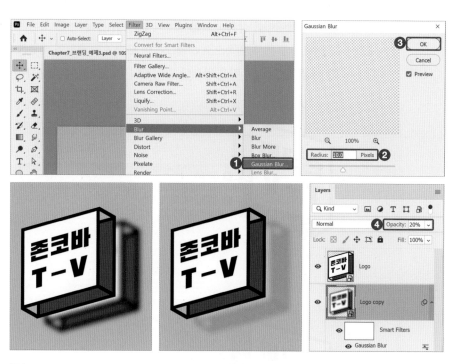

TIP Gaussian Blur는 이미지를 흐리게 만드는 기능으로 블러 기능 중 가장 많이 사용됩니다.

텍스트 입력하고 레이어 스타일 적용하기

04 ❶ 문자 도구 T를 클릭하고 ❷ [Character] 패널에서 폰트는 [Gmarket Sans TTF], 스타일은 [Bold], 크기는 **60pt**, 색은 진한 자주색(**#E02060**)으로 설정합니다. ❸ 로고 오브젝트 아래쪽에 **구독＋좋아요＋알림신청**을 입력합니다.

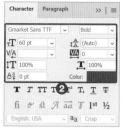

TIP [Character] 패널이 보이지 않는다면 [Window]-[Character] 메뉴를 클릭해 체크합니다.

TIP 'Gmarket Sans TTF'는 '지마켓 산스체'입니다. 무료로 다운로드해 사용할 수 있습니다.

유튜브 디자인

채널명 디자인

채널 특징 분석

타이틀 디자인

컬러 디자인

레이아웃 디자인

유튜브 브랜딩

디자인 트렌드

05 ❶ 방금 입력한 문자 레이어를 클릭하고 ❷ Ctrl + T 를 누릅니다. ❸ 오른쪽 가운데에 있는 조절점을 Ctrl 을 누른 채 위쪽으로 드래그하여 로고 오브젝트와 비슷한 기울기로 조절합니다. ❹ Enter 를 눌러 수정을 완료합니다. ❺ 문자 레이어를 더블클릭합니다.

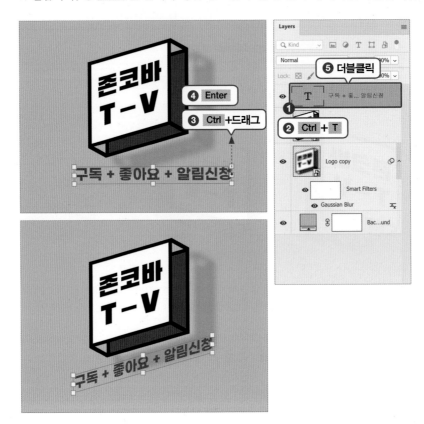

06 ❶ [Layer Style] 대화상자가 나타나면 [Outer Glow]를 클릭합니다. ❷ [Blend Mode]는 [Normal], [Opacity]는 **40**, 색은 흰색(**#FFFFFF**)으로 설정합니다. ❸ [Elements]−[Size]는 **30**으로 설정한 후 ❹ [OK]를 클릭합니다.

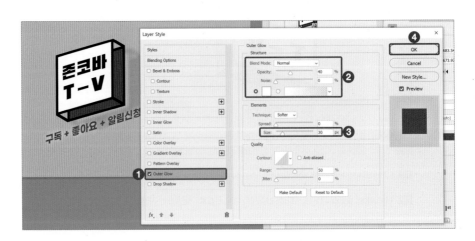

아이콘 추가하고 레이어 스타일 적용하기

07 ❶ [File]-[Place Embedded] 메뉴를 클릭합니다. ❷ [Place Embedded] 대화상자
가 나타나면 **Wifi Icon.png** 파일을 클릭하고 ❸ [Place]를 클릭해 이미지를 불러옵
니다.

> **TIP** Place Embedded는 이미지를 현재의 작업 화면으로 바로 가져오는 기능입니다.

08 이미지가 가운데에 배치되면 ❶ 조절점을 드래그해 크기를 줄이고 ❷ 로고 오브젝트
위쪽에 배치합니다. ❸ 오른쪽 가운데에 있는 조절점을 Ctrl 을 누른 채 위쪽으로 드래
그하여 로고 오브젝트와 비슷한 기울기로 조절합니다. ❹ Enter 를 눌러 수정을 완료합
니다.

09 ❶ [Wifi Icon] 레이어를 더블클릭합니다. ❷ [Layer Style] 대화상자가 나타나면 [Color Overlay]를 클릭합니다. ❸ [Blend Mode]는 [Normal], [Opacity]는 **100**으로 설정하고 색은 텍스트와 동일한 색(**#E02060**)으로 지정한 후 ❹ [OK]를 클릭합니다.

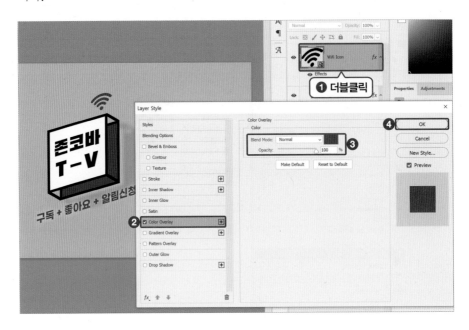

셰이프 도구와 문자 도구로 디자인 요소 만들기

10 완성도를 높이기 위해 다양한 디자인 요소를 추가해보겠습니다. ❶ 사각형 셰이프 도구▢를 클릭하고 ❷ 옵션바에서 [Fill]의 컬러 박스를 클릭해 ❸ 해제합니다. ❹ [Stroke]의 컬러 박스를 클릭해 ❺ 흰색(**#FFFFFF**)으로 지정합니다. ❻ 선의 굵기는 **2px**로 지정합니다.

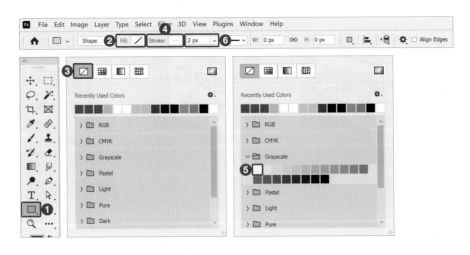

11 ❶ 아트보드의 가운데부터 Shift 를 누른 채 드래그하여 정사각형 셰이프를 만듭니다. ❷ 이동 도구 ⊕ 를 클릭합니다. ❸ Ctrl + A 를 누르면 전체 영역이 선택 영역으로 지정됩니다. ❹ 옵션바에서 ▤ 을 클릭하고 ❺ ▥ 을 클릭합니다. ❻ Ctrl + D 를 눌러 선택 영역을 해제합니다.

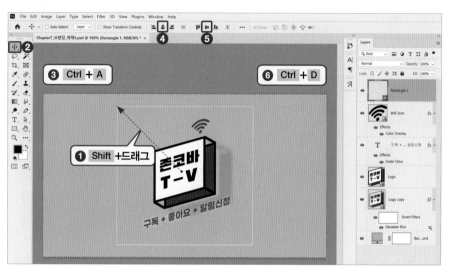

TIP Alt 를 누른 채 드래그하면 클릭한 지점부터 셰이프를 만들 수 있습니다.

12 ❶ [Rectangle 1] 레이어를 클릭하고 ❷ Ctrl + J 를 눌러 레이어를 복제합니다. ❸ 복제된 [Rectangle 1 copy] 레이어를 클릭하고 ❹ Ctrl + T 를 누릅니다. ❺ 조절점을 드래그해 크기를 키웁니다.

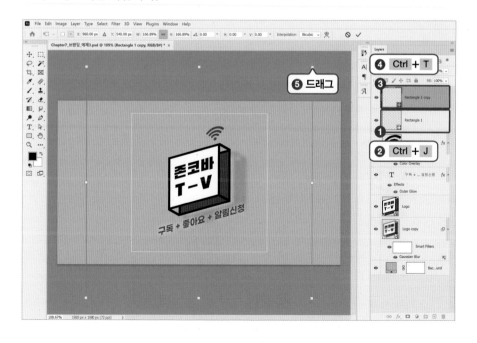

13 ❶ [Rectangle 1] 레이어를 클릭하고 ❷ [Rectangle 1 copy] 레이어를 `Ctrl` 을 누른
채 클릭하여 두 레이어를 함께 선택합니다. ❸ `Ctrl` + `T` 를 누릅니다. ❹ 오른쪽 가운
데에 있는 조절점을 `Ctrl` 을 누른 채 위쪽으로 드래그하여 다른 오브젝트들과 비슷한
기울기로 조절합니다.

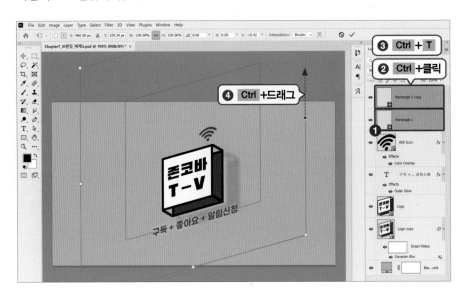

14 두 레이어가 함께 선택된 상태 그대로 ❶ `Ctrl` + `G` 를 눌러 그룹으로 묶습니다. ❷
[Layers] 패널 하단의 Add a mask ▣ 를 클릭해 레이어 마스크를 추가합니다.

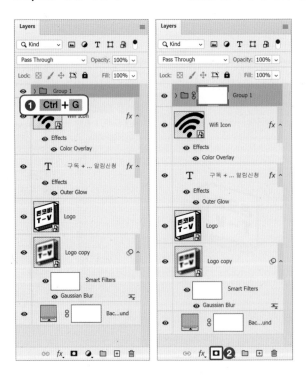

15 ❶ 전경색은 검은색(#000000), 배경색은 흰색(#FFFFFF)으로 설정되어 있는지 확인하고 ❷ 그레이디언트 도구█를 클릭합니다. ❸ ⬚를 클릭하고 ❹ [Basic](기본 사항)의 Foreground to Transparent(전경색에서 투명으로)를 클릭합니다. ❺ [Opacity]는 **50%**로 설정하고 ❻ 아트보드의 바깥쪽부터 아래쪽까지 드래그해 사각형 셰이프의 위쪽 부분이 자연스럽게 사라지는 효과를 연출합니다.

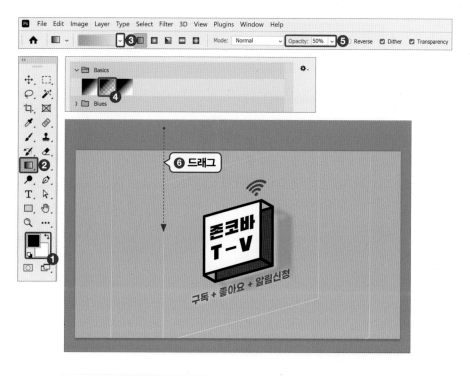

16 밋밋한 배경을 채우기 위해 작은 텍스트를 디자인 요소로 활용해보겠습니다. ❶ 문자 도구🅣를 클릭하고 ❷ [Character] 패널에서 폰트는 [Gmarket Sans TTF], 스타일은 [Light], 크기는 **9pt**, 색은 어두운 보라색(#534270)으로 설정합니다.

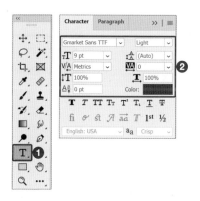

유튜브 디자인 기본　|　채널명 디자인　|　채널 특징 분석　|　타이포 디자인　|　컬러 디자인　|　레이아웃 디자인　|　유튜브 채널 브랜딩　|　디자인 트렌드

17 ❶ 왼쪽 상단에 드래그하면 드래그한 영역만큼 더미 텍스트인 'Lorem Ipsum(로렘 입숨)'이 자동으로 채워집니다. ❷ 같은 방식으로 오른쪽 하단에도 드래그해 텍스트 영역을 만듭니다. ❸ 오른쪽 하단에 하나 더 만들어 디자인을 마무리합니다. 의미 없는 텍스트이지만 디자인 밀도를 채워주고 밋밋한 배경을 꾸며줍니다.

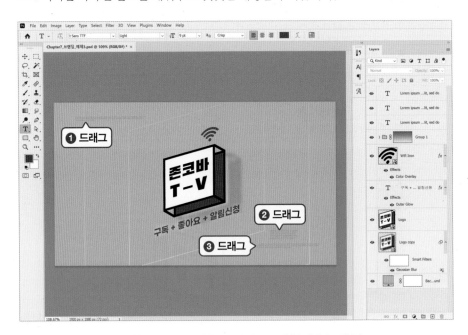

TIP 레이어 이름이 다르게 나타나더라도 작업에는 영향을 미치지 않으므로 신경 쓰지 않아도 됩니다.

TIP 더미 텍스트인 'Lorem Ipsum(로렘 입숨)'이 자동으로 채워지지 않는다면 [Edit]−[Preferences]−[Type] 메뉴를 클릭하고 [Fill new type layers with placeholder text]에 체크합니다.

디자인 참견러 존코바의 핵심 코칭

더미 텍스트 Lorem Ipsum(로렘 입숨) 알아보기

포토샵에서 문자 도구로 아트보드를 클릭하거나 드래그하면 더미 텍스트인 Lorem Ipsum(로렘 입숨)이 자동으로 나타납니다. 더미 텍스트는 특별한 의미가 없는 텍스트를 말하며, 디자인 시안을 잡을 때 주로 사용합니다.

> Lorem ipsum dolor sit amet, consectetur adipiscing elit, sed do eiusmod tempor incididunt ut labore et dolore magna aliqua. Quis ipsum suspendisse ultrices gravida. Risus commodo viverra maecenas accumsan lacus vel facilisis.

▲ 포토샵에서 나타나는 더미 텍스트 Lorem Ipsum(로렘 입숨)

18 로고를 활용한 인트로 디자인이 완성되었습니다. 이 이미지는 영상의 맨 앞쪽이나 도입부에 삽입해 영상의 시작을 알리는 역할을 합니다.

19 인트로 디자인을 응용해 아웃트로 디자인도 만들 수 있습니다. 아웃트로 디자인은 왼쪽과 오른쪽에 추천 영상을 띄울 수 있도록 만듭니다. 아웃트로 디자인은 영상의 맨 뒤에 삽입하며, 영상 업로드 시 유튜브에서 '꿀잼 영상' 프레임과 '추천 영상' 프레임에 추천 영상을 추가할 수 있습니다. 유용하게 사용하길 바랍니다.

> **TIP** 아웃트로 디자인은 'Part 02/Chapter 04' 폴더에서 **브랜딩_예제3_완성(아웃트로).psd** 파일을 확인합니다.

유튜브 디자인

채널롤 디자인

채널 특징 분석

타이프 디자인

컬러라 디자인

레이아웃 디자인

유튜브 브랜딩

디자인 트랜드

로고와 브랜드 컬러로 자막 디자인하기

파일 Part 02/Chapter 04/브랜딩_예제4_준비.psd, Stars.png, 브랜딩_예제4_완성.psd

학습 내용   ● 셰이프 도구와 문자 도구로 자막 디자인하기

● 플랫아이콘(Flaticon)의 무료 아이콘 활용하기

● 브랜드 컬러를 고려해 디자인하기

핵심 기능   모서리가 둥근 직사각형 셰이프 도구, Layer Style, Opacity, Quick Export

셰이프 도구로 자막 영역 만들고 텍스트 입력하기

01 Ctrl + O 를 눌러 **브랜딩_예제4_준비.psd** 파일을 불러옵니다.

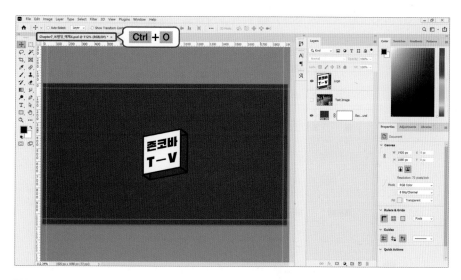

> **TIP** [Logo] 레이어는 STEP 04에서 작업한 로고를 스마트 오브젝트로 변환한 것입니다.

02 로고를 활용해 자막 디자인을 만들어보겠습니다. ❶ [Logo] 레이어를 클릭하고 ❷ Ctrl + T 를 누릅니다. ❸ 조절점을 드래그해 크기와 위치를 적당하게 조절합니다.

> **TIP** 파란색 가이드라인은 작업을 위해 임의로 설정해둔 것입니다. 디자인 요소들이 프레임의 가장자리에 너무 붙어 있으면 답답해 보이므로 약간의 여백을 두고 배치하는 것이 좋습니다. 가이드라인은 [View]-[Extras] 메뉴를 클릭해 활성화하거나 비활성화할 수 있습니다.

유튜브 디자인

채널별 디자인

채널 특징 분석

타이틀 디자인

컬러 디자인

레이아웃 디자인

유튜브 브랜딩

디자인 트렌드

03　❶ 모서리가 둥근 직사각형 셰이프 도구◻를 클릭하고 ❷ 옵션바에서 [Fill]의 컬러 박
스를 클릭합니다. ❸ 컬러 팔레트◻를 클릭하고 ❹ 로고에 사용된 색과 비슷한 보라색
(#5E2199)으로 지정한 후 ❺ [OK]를 클릭합니다. ❻ [Stroke]는 ❼ 색을 검은색
(#000000)으로 지정하고 ❽ 굵기를 5px로 설정합니다.

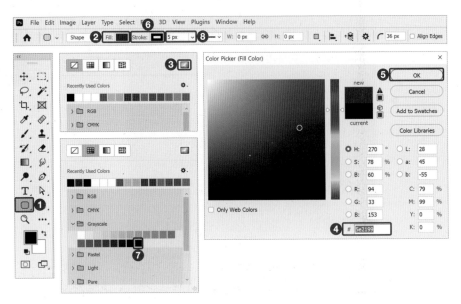

> **TIP** 포토샵 버전이 달라 모서리가 둥근 직사각형 셰이프 도구가 나타나지 않는다면 335쪽을 참고해 모서리가 둥근 직사각형
> 셰이프를 만듭니다.

04　❶ 아트보드에 드래그하여 모서리가 둥근 직사각형 셰이프를 만듭니다. ❷ 오른쪽
[Properties] 패널의 [Appearance] 항목에서 ▣이 클릭되어 있는지 확인하고 ❸
[corner radius]를 35px로 설정해 네 모서리의 둥근 정도를 한번에 수정합니다.

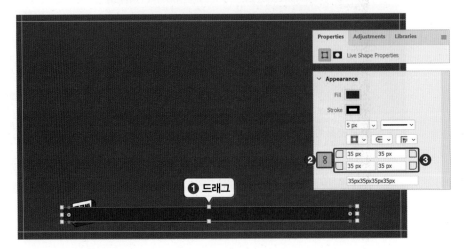

> **TIP** 모서리가 둥근 직사각형 셰이프의 크기가 다르면 모서리의 둥근 정도를 35px로 수정할 수 없는 경우도 있습니다. 적당히
> 원하는 둥근 정도로 수정합니다.

05 ❶ [Rounded Rectangle 1] 레이어를 [Logo] 레이어 아래로 드래그합니다. ❷ `Ctrl` + `J` 를 눌러 레이어를 복제합니다. ❸ 옵션바에서 [Fill]을 흰색(**#FFFFFF**)으로 변경하고 ❹ 조절점을 왼쪽으로 드래그해 가로 크기를 줄인 후 ❺ `Enter` 를 눌러 수정을 완료합니다. 자막 텍스트를 입력할 수 있는 공간이 만들어졌습니다.

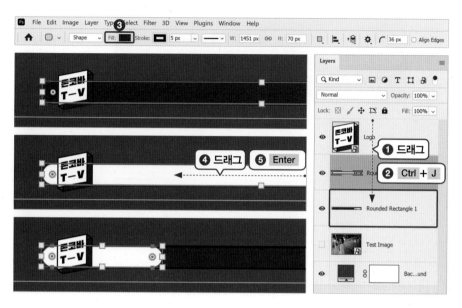

06 ❶ 문자 도구 `T` 를 클릭하고 ❷ [Character] 패널에서 폰트는 [Gmarket Sans TTF], 스타일은 [Bold], 크기는 **40pt**, 색은 검은색(**#000000**)으로 설정합니다. ❸ 바탕이 하얀색인 셰이프에 **존코바**를 입력합니다. ❹ [존코바] 문자 레이어를 클릭합니다. ❺ 이동 도구 를 클릭하고 ❻ `Alt` 를 누른 채 오른쪽으로 드래그하여 텍스트를 복제합니다.

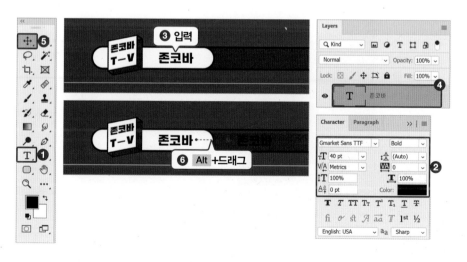

07 ❶ 복제한 텍스트를 더블클릭하고 ❷ **안녕하세요, 구독자 여러분**으로 수정합니다. ❸ 글자가 잘 보이도록 [Character] 패널에서 색을 흰색(**#FFFFFF**)으로 변경합니다. ❹ [안녕하세요, 구독자 여러분] 문자 레이어를 클릭하고 ❺ [Rounded Rectangle 1] 레이어를 Shift 를 누른 채 클릭하여 다섯 개의 레이어를 모두 함께 선택합니다.

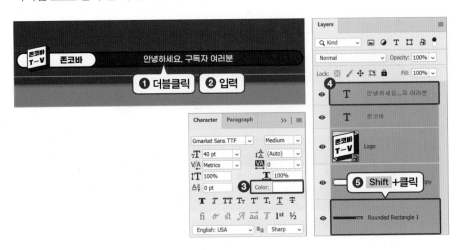

08 ❶ Ctrl + G 를 눌러 그룹으로 묶습니다. ❷ 이동 도구 를 클릭하고 ❸ Ctrl + A 를 눌러 전체 영역을 선택 영역으로 지정합니다. ❹ 옵션바에서 을 클릭해 자막을 가운데로 배치합니다. ❺ Ctrl + D 를 눌러 선택 영역을 해제합니다. 로고의 색과 스타일을 적용한 기본 자막 디자인이 완성되었습니다.

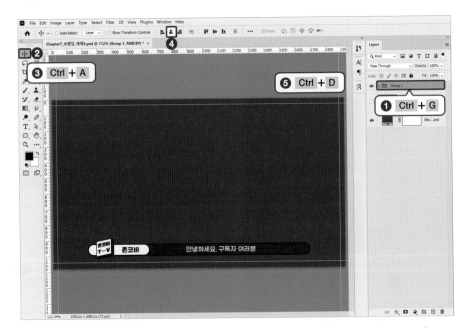

브랜드 컬러에 맞는 추가 자막 만들기

09 기본 자막 디자인을 응용해 추가 자막 디자인을 만들어보겠습니다. ❶ 문자 도구 T 를 클릭하고 ❷ [Character] 패널에서 폰트는 [Swagger TTF], 크기는 **120pt**, ❸ 색은 흰색(#FFFFFF)으로 설정합니다. ❹ 기본 자막 디자인 위쪽에 어머 **이건 사야해!** 를 입력합니다.

> **TIP** [Swagger TTF]는 '스웨거체'입니다. 스웨거(www.swagger.kr/font.html)에서 무료로 다운로드해 사용할 수 있습니다.

10 ❶ [어머 이건 사야해!] 문자 레이어를 더블클릭합니다. ❷ [Layer Style] 대화상자가 나타나면 [Gradient Overlay]를 클릭합니다. ❸ [Blend Mode]는 [Normal], [Opacity]는 100으로 설정합니다. ❹ 그레이디언트의 종류를 선택하기 위해 [Gradient]를 클릭합니다.

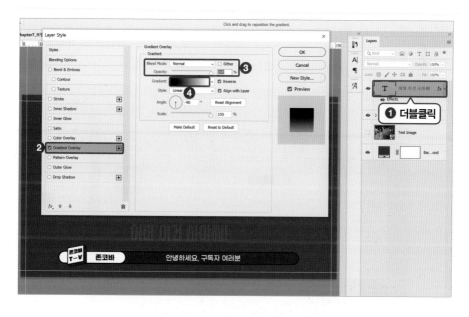

유튜브 디자인!

채널별 디자인!

채널 특징 분석!

타이포 디자인!

컬러 디자인!

레이아웃 디자인!

유튜브 브랜딩

디자인 트렌드

11 [Gradient Editor] 대화상자가 나타나면 ❶ 왼쪽 컬러 팁을 더블클릭해 어두운 보라색(#631EAC)으로 설정합니다. ❷ 오른쪽 컬러 팁도 더블클릭해 밝은 보라색(#D3A7FE)으로 설정하고 ❸ 왼쪽으로 살짝 드래그해 밝은 보라색이 더 많이 나타나도록 수정한 후 ❹ [OK]를 클릭합니다. ❺ [Reverse]에 체크되어 있는지 확인하고 ❻ [Angle]은 −90, [Scale]은 150으로 설정합니다.

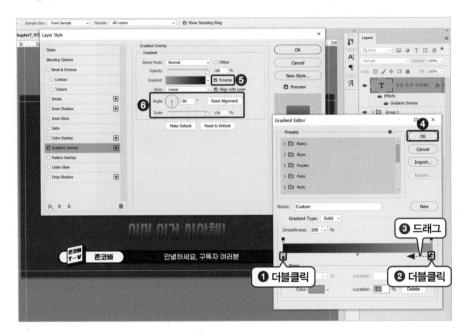

12 ❶ [Stroke]를 클릭합니다. ❷ [Size]는 5, [Position]은 [Outside], [Blend Mode]는 [Normal], [Opacity]는 100으로 설정하고 ❸ [Color]는 검은색(#000000)으로 설정합니다.

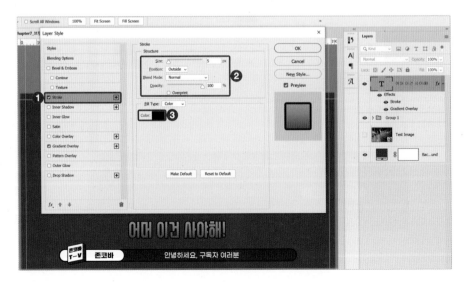

13 ❶ [Drop Shadow]를 클릭합니다. ❷ [Blend Mode]는 [Normal], 색은 검은색 (#000000), [Opacity]는 100, [Angle]은 135, [Distance]는 15, [Spread]와 [Size] 는 0으로 설정한 후 ❸ [OK]를 클릭합니다.

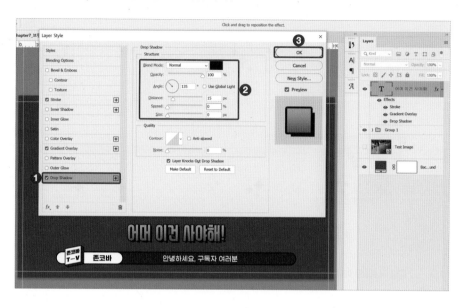

플랫아이콘(Flaticon)의 무료 아이콘 활용하기

14 자막 내용에 어울리는 아이콘을 추가해보겠습니다. ❶ 인터넷 브라우저에서 플랫아이 콘(flaticon.com)에 접속합니다. ❷ 검색란에 Shine을 입력하고 ❸ Enter 를 눌러 검 색합니다.

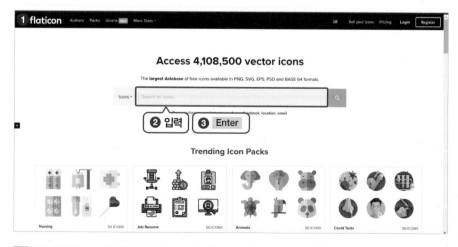

> **TIP** 플랫아이콘(Flaticon)은 아이콘을 무료로 다운로드할 수 있는 웹사이트입니다. 다양한 아이콘을 많이 제공해 활용도가 높 습니다.

15 ❶ [Free]를 클릭하면 무료 아이콘만 나타납니다. ❷ 다운로드하고 싶은 아이콘을 클릭합니다.

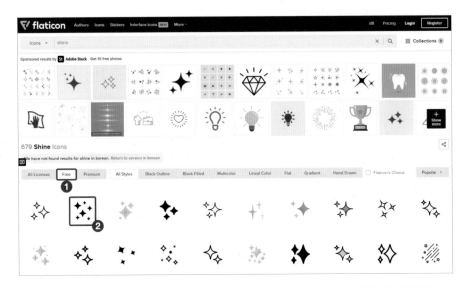

> **TIP** 꼭 똑같은 아이콘을 다운로드하지 않아도 됩니다. 검색 결과가 다르게 나타나더라도 원하는 디자인을 찾아 클릭합니다.

16 ❶ [PNG]를 클릭하고 ❷ [Free download]를 클릭하면 아이콘 다운로드가 완료됩니다.

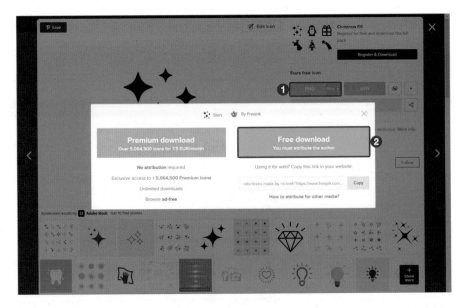

> **TIP** PNG 형식의 파일은 배경을 투명하게 저장할 수 있습니다. 아이콘과 같은 디자인 요소는 이미지 작업 시 불러와 배치하는 경우가 많으므로 배경이 투명한 PNG 형식으로 저장하곤 합니다.

17 ❶ Ctrl + + 를 여러 번 눌러 화면을 확대합니다. ❷ [File]-[Place Embedded] 메뉴를 클릭해 다운로드한 아이콘을 불러옵니다. 불러온 아이콘이 아트보드 가운데에 배치됩니다.

TIP Place Embedded는 이미지를 현재의 작업 화면으로 바로 가져오는 기능입니다.

18 ❶ 불러온 아이콘의 크기와 위치를 조절하고 조절점의 바깥쪽에서 드래그해 회전합니다. ❷ 이동 도구 ⊕ 를 클릭하고 ❸ 아이콘을 Alt 를 누른 채 오른쪽으로 드래그하여 복제합니다. ❹ Ctrl + T 를 누르고 ❺ 크기와 기울기를 수정한 후 ❻ Enter 를 눌러 수정을 완료합니다. ❼ [어머 이건 사야해!] 문자 레이어의 [Effects]를 Alt 를 누른 채 [stars] 레이어로 드래그하여 레이어 스타일을 복제합니다.

섬네일 디자인

채널 아트 디자인

채널 특징 분석

타이틀 디자인

콘텐츠 디자인

모션 디자인

유튜브 브랜딩

디자인 트렌드

19 복제한 레이어 스타일을 수정해보겠습니다. ❶ [stars] 레이어를 더블클릭합니다. ❷ [Layer Style] 대화상자가 나타나면 [Inner Glow]를 클릭합니다. ❸ [Blend Mode]는 [Normal], [Opacity]는 **100**, 색은 흰색(**#FFFFFF**)으로 설정하고 ❹ [Elements]−[Size]는 **8**로 설정합니다. ❺ [Drop Shadow]는 체크를 해제하고 ❻ [OK]를 클릭합니다.

TIP [stars] 레이어의 이름은 불러온 아이콘에 따라 달라질 수 있습니다.

20 [stars] 레이어의 [Effects]를 Alt 를 누른 채 [stars copy] 레이어로 드래그하여 레이어 스타일을 복제합니다. 자막의 장식 요소인 아이콘 디자인도 완료되었습니다.

셰이프 도구와 레이어 마스크로 반짝이는 효과 표현하기

21 자막에 조금 더 반짝거리는 효과를 표현하기 위해 디자인 요소를 추가해보겠습니다. ❶ 타원 셰이프 도구◯를 클릭하고 ❷ 옵션바에서 [Fill]은 흰색(#FFFFFF)으로 지정하고 [Stroke]는 해제합니다. ❸ '어머' 위쪽에 Shift 를 누른 채 드래그하여 정원 셰이프를 만듭니다.

22 ❶ [Ellipse 1] 레이어를 [어머 이건 사야해!] 문자 레이어 아래로 드래그합니다. ❷ [Opacity]는 **50%**로 설정해 반투명하게 만듭니다.

영상용 디자인

채널아트 디자인

채널 특징 분석

타이포 디자인

섬네일 디자인

레이아웃 디자인

유튜브 채널 브랜딩

디자인 트렌드

23 ❶ 이동 도구⊕를 클릭하고 ❷ 정원 셰이프를 Alt 를 누른 채 드래그하여 복제합니다.
❸ Ctrl + T 를 눌러 크기와 위치를 적당하게 조절한 후 ❹ Enter 를 눌러 수정을 마무
리합니다. ❺❻❼ 같은 방식으로 정원 셰이프를 여러 개 복제합니다. 셰이프는 꼭 똑
같이 복제해 배치할 필요는 없고 적당하게 디자인을 완성합니다.

24 글자에도 반짝이는 효과를 표현해보겠습니다. ❶ 사각형 셰이프 도구□를 클릭하고
❷ 옵션바의 [Fill]과 [Stroke]는 앞서 적용한 설정을 그대로 사용합니다. ❸ 아트보드
에 드래그하여 세로로 긴 직사각형 셰이프를 만듭니다.

TIP Alt 를 누른 채 드래그하면 클릭한 지점부터 셰이프를 만들 수 있습니다.

25 ❶ 조절점의 바깥쪽에서 드래그해 셰이프를 회전하고 ❷ 글자 위쪽에 배치한 후 ❸ Enter 를 눌러 수정을 완료합니다. ❹ 이동 도구 ⊕를 클릭하고 ❺ [Rectangle 1] 레이어를 Ctrl 을 누른 채 클릭하면 글자 부분이 선택 영역으로 지정됩니다.

26 [Rectangle 1] 레이어가 선택된 상태로 Ctrl + G 를 눌러 그룹으로 묶습니다.

유튜브 디자인

채널 디자인

채널 특징 분석

타이프 디자인

컬러 디자인

레이아웃 디자인

유튜브 브랜딩

디자인 트렌드

27 ❶ [Layers] 패널 하단의 Add a mask □를 클릭해 레이어 마스크를 추가합니다. 선택 영역으로 지정됐던 글자 부분 안쪽에서만 직사각형 셰이프가 보이게 됩니다. ❷ 직사 각형 셰이프를 Alt 를 누른 채 오른쪽으로 드래그하여 복제합니다.

TIP 그룹으로 묶어 레이어 마스크를 만들면 그 안쪽에 있는 오브젝트를 어느 쪽으로 이동하더라도 항상 레이어 마스크 안쪽에 서만 보입니다.

28 ❶ [Group 2] 레이어를 클릭하고 ❷ [Opacity]를 50%로 설정합니다. 로고와 브랜드 컬러를 활용한 자막 디자인이 완성되었습니다.

레이어를 정리하고 PNG 형식으로 자막 디자인 저장하기

29 레이어를 정리하고 자막 디자인을 활용할 수 있도록 PNG 형식으로 저장해보겠습니다. ❶ [stars copy] 레이어를 클릭하고 ❷ [Ellipse 1] 레이어를 Shift 를 누른 채 클릭하여 모두 함께 선택합니다. ❸ Ctrl + G 를 눌러 그룹으로 묶습니다. ❹ 각 그룹 레이어의 이름 부분을 더블클릭해 Normal과 ❺ Variation으로 변경합니다.

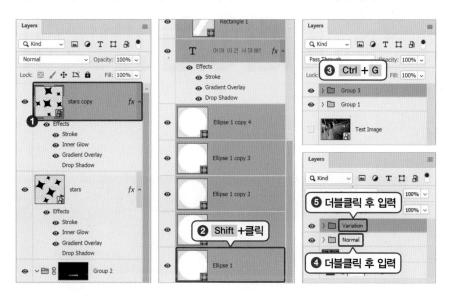

30 이미지나 영상에 삽입해보고 자막이 눈에 잘 띄는지 확인해보겠습니다. ❶ Ctrl + 0 을 눌러 전체 화면을 확인합니다. ❷ [Test Image] 레이어의 눈을 클릭해 이미지를 나타나게 합니다. ❸ 자막이 잘 보이는지 확인하고 [Variation] 레이어를 마우스 오른쪽 버튼으로 클릭한 후 ❹ [Quick Export as PNG]를 클릭해 PNG 형식으로 파일을 저장합니다. ❺ 같은 방식으로 [Normal] 레이어도 PNG 형식으로 파일을 저장합니다.

TIP PNG 형식으로 저장해야 배경이 없는 파일로 저장할 수 있습니다.

31 로고와 브랜드 컬러를 활용한 자막 디자인을 이미지나 영상에 사용할 수 있도록 배경이 없는 PNG 파일로 저장했습니다.

32 추가로 비슷한 자막을 하나 더 작업해 완성 파일에 포함해두었습니다. 지금까지 해온 방법을 응용하면서 다양한 자막을 만들 수 있으니 유용하게 활용해보길 바랍니다.

존코바의 비밀 노트

모서리가 둥근 직사각형 셰이프 만들기

포토샵 버전이 달라 모서리가 둥근 직사각형 셰이프 도구가 나타나지 않는다면 다음과 같은 방법으로 모서리가 둥근 직사각형 셰이프를 만들 수 있습니다. ❶ 먼저 사각형 셰이프 도구■를 클릭하고 ❷ 아트보드에 드래그해 사각형 셰이프를 만듭니다. ❸ [Properties] 패널에서 [Apperance]의 [corner radius]를 드래그해 모서리의 굴곡을 조정합니다.

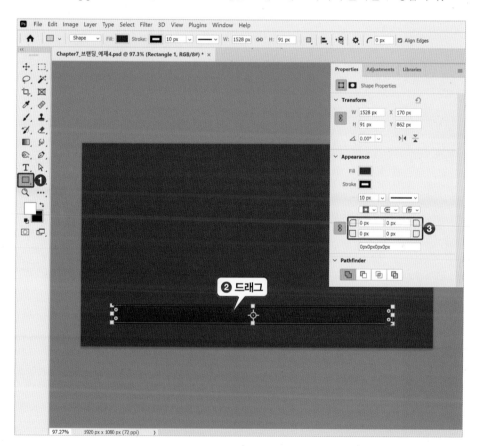

특별부록

디자인에는 끝이 없다

콘텐츠는 시장에 의해 빠르게 변하고 디자인은 대중들의 시선에 의해 빠르게 변합니다.
이러한 변화에 맞게 어떤 식으로 디자인 트렌드를 반영하고 대응해야 하는지 알아보겠습니다.

STEP

디자인 트렌드를 읽어라

2021년 이후의 디자인 트렌드

모든 시장에는 트렌드, 즉 유행이 존재합니다. 우리가 입는 옷은 시즌마다 새 상품을 선보이고 전자기기 또한 매년 혹은 일정한 기간에 맞춰 새 제품을 선보입니다. 이때마다 많은 소비자가 트렌드에 맞는 새 상품을 구매합니다. 트렌드는 시간이 지나면서 변화하거나 새로 생겨납니다. 특히 상품의 성능에는 큰 차이가 없어도 디자인은 트렌드에 따라 꾸준히 바뀝니다. 트렌드에 가장 민감하고 빠르게 반응하는 것이 디자인입니다. 이는 유튜브에서도 마찬가지입니다. 유튜브에서 보이는 디자인, 편집 방식, 콘텐츠 모두 트렌드의 영향을 받으며 그중에서도 디자인 트렌드는 가장 빠르게 변화하므로 놓치지 않고 따라가는 것이 좋습니다.

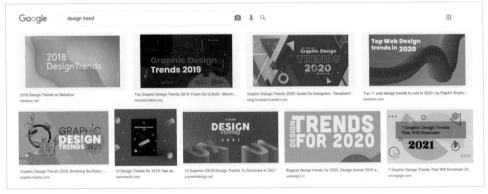

▲ 구글에서 '디자인 트렌드(design trend)'로 검색하면 지나온 트렌드나 앞으로 유행할 트렌드에 관해 정리한 콘텐츠가 상당히 많음

유튜브를 포함해 현재 전 세계적인 디자인 트렌드의 키워드는 '심플한 디자인' 또는 '플랫한 디자인'입니다. 이러한 디자인 스타일은 2021년에 유행하기 시작한 것이 아니라 몇 년 전부터 나타나기 시작했으며, 시간이 지날수록 더욱더 많은 관심을 받고 있습니다. 말 그대로 간결하고 명료하게, 많은 디자인 요소를 삽입하지 않고 만드는 방식입니다. 특히 유튜브처럼 빠르게 소비되는 스낵 콘텐츠에서는 과한 디자인보다는 깔끔한 디자인을 선호하고 있습니다.

01 심플한 디자인

그림은 계속 덧칠하면서 밀도를 채워가는 방식으로 완성도를 높이지만 디자인은 반대입니다. 디자인의 목적은 요소를 많이 삽입해 무조건적인 아름다움을 추구하는 것이 아니라 전달하고자 하는 명확한 메시지를 소비자에게 인식시키는 것입니다. 따라서 불필요한 요소들을 덜어내 메시지를 정확하게 전달하기 적합한 상태가 가장 좋은 디자인이라고 할 수 있습니다. 이러한 디자인의 목적을 가장 잘 구현하는 것이 바로 심플한 디자인입니다. 최대한 덜어내고, 더 덜어내도 괜찮으니 명확하게 전달하고자 하는 메시지가 잘 보이도록 만들어야 합니다.

▲ 〈손짓티비〉 채널의 배너 이미지처럼 여백이 많고 타이포를 최소화하는 디자인을 심플한 디자인이라고 하며, 컬러 또한 과하지 않게 최소한으로 사용함

02 플랫한 디자인

심플한 디자인에 더하여, 최신 트렌드 중 하나는 플랫한 디자인입니다. 플랫한 디자인은 단색을 활용해서 디자인하는 방식으로, 조금 더 세련되고 심플한 디자인을 만들 수 있습니다. 플랫한 디자인의 단점은 허전하거나 완성도가 떨어져 보인다는 점인데, 소비자들은 의외로 이러한 미니멀한 디자인에 대해 관대합니다. 메시지나 목적만 정확하게 이해할 수 있다면 말이죠. 포토샵에 새로 생긴 기능이나 효과들을 사용하기보다 가장 원초적인 단색 디자인으로 접근할 때 플랫한 디자인의 매력을 살릴 수 있습니다.

▲ 〈스튜디오V [STUDIO V]〉, 채널의 배너 이미지는 그레이디언트나 그림자를 거의 사용하지 않고 단색만을 활용한 플랫한 디자인이 며, 단색의 조합으로 화려해 보이지만 과하지 않고 정리된 느낌을 줌

포인트는 결국 현재의 디자인 방식과 트렌드는 '간결, 명료'라는 것입니다. 심플한 디자인으로 채널이나 콘텐츠에 관한 메시지 전달에 최대한 집중하며, 플랫한 디자인으로 미니멀하게 표현 하는 것. 이것만 기억한다면 시청자가 매력을 느끼는 디자인을 만들 수 있을 것입니다.

STEP 02

트렌디한 디자인은
어디서 찾을 수 있을까

유튜브 디자인!

채널명 디자인!

채널 특징 분석

타이포 디자인

컬러 디자인

레이아웃 디자인

유튜브 디자인 적용

디자인 트렌드

디자인 트렌드를 파악하기 좋은 웹사이트

앞서 디자인 트렌드는 심플하거나 플랫한 디자인으로 흘러갈 것이라고 이야기했습니다. 그렇다면 이러한 디자인 트렌드는 대체 어디서 찾아야 할까요? 가장 쉬운 답은 여러분이 몸담고 있는 곳, 바로 유튜브입니다. 그러나 유튜브는 콘텐츠에 특화된 플랫폼으로 디자인 요소만을 찾기는 쉽지 않습니다. 그래서 유튜브 외에도 디자인 트렌드를 파악하기 좋은 웹사이트 몇 개를 소개해보겠습니다. 다양한 디자인을 살펴보면서 인사이트를 키우면 여러분의 유튜브 디자인을 만들어가는 과정에 큰 도움이 될 것입니다.

01 유튜브 트렌드는 유튜브에서 찾기

디자인은 범위가 굉장히 넓기 때문에 유튜브에 맞는 트렌드는 유튜브에서 찾는 것이 가장 좋습니다. 저는 유튜브의 [인기 동영상]에 올라온 영상들을 주로 시청하는 편입니다. 물론 영상 전체를 전부 보는 것이 아니라 매일 바뀌는 [인기 동영상] 콘텐츠의 디자인을 보는 것입니다. 또한 해당 채널을 방문해 채널 디자인이나 섬네일 디자인 등을 살펴보기도 합니다. 이처럼 많은 시청자가 좋아하는 콘텐츠의 디자인을 참고해 내 채널을 만들어간다면 트렌드에 손쉽게 올라탈 수 있습니다.

▲ 유튜브의 [인기 동영상]에 올라온 채널을 방문해 디자인 트렌드를 파악하면 도움이 됨

02 디자인 정보의 홍수, 핀터레스트

핀터레스트는(Pinterest) 앞서도 간단하게 소개했던 온라인 사이트로, 디자이너들이 가장 많이 참고하는 곳입니다. 너무 많아서 찾기가 힘들 정도로 자료가 많으며, 유튜브 디자인뿐 아니라 모든 디자인 정보가 이곳에 있다고 해도 과언이 아닙니다. 유튜브 관련 자료를 찾고 싶다면 검색창에 영문으로 'Youtube'를 입력한 뒤 'channel art design', 'thumbnail design', 'logo design' 등을 검색하면 관련 디자인을 확인할 수 있습니다. 하나의 디자인을 클릭해서 살펴보면 그 디자인과 비슷한 디자인을 계속 보여주는 알고리즘이 있으므로 이 부분을 잘 활용한다면 비슷한 톤의 디자인을 찾기 수월합니다.

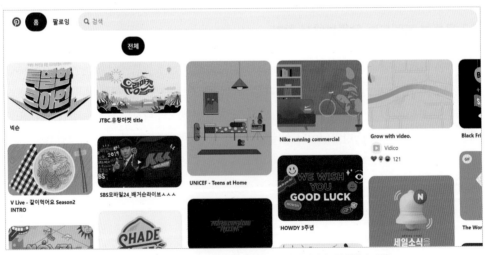

▲ 핀터레스트에 가입하고 유튜브 디자인 관련 키워드로 검색하면 많은 무료 디자인 레퍼런스를 찾을 수 있음

유튜브 디자인

채널별 디자인

채널 특장점 분석

타이틀 디자인

디자인 기초

레이아웃 디자인

유튜브 디자인 활용

디자인 트렌드

03 필수 SNS, 인스타그램

인스타그램은 주로 소통을 위한 목적으로 사용된다고 생각하지만 의외로 디자인에 관련된 자료들이 굉장히 많은 곳입니다. 검색창에 해시태그와 키워드 '#youtube design' 혹은 '#youtube channel art' 등을 입력하면 디자인 자료를 찾을 수 있습니다. 인스타그램 또한 자료를 검색하고 피드를 클릭할수록 비슷한 게시물이 노출되는 시스템이기 때문에 트렌드에 맞는 디자인을 쉽게 접할 수 있습니다. 게시물을 저장해두고 나중에 다시 찾아볼 수 있는 기능도 있어 편리합니다.

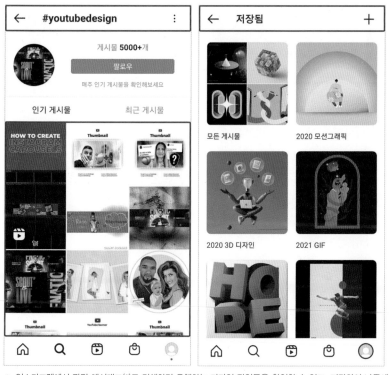

▲ 인스타그램에서 관련 해시태그(#)로 검색하면 유행하는 디자인 작업물을 확인할 수 있고, 저장하여 나중에 다시 찾아볼 수 있음

04 검색의 기본, 구글

구글은 정보를 얻기 위한 검색 엔진입니다. 저는 구글에서 굉장히 많은 소스와 디자인 정보를 얻습니다. 구글에서 검색되지 않는 것은 없다고 봐도 무방할 정도입니다. 구글에서 키워드를 검색하면 유튜브뿐 아니라 수많은 온라인 사이트의 자료를 확인할 수 있습니다. '유튜브 디자인'이나 '유튜브 채널 아트 디자인', '유튜브 섬네일 디자인' 등으로 검색하면 한글로 된 디자인도 엿볼 수 있습니다. 검색 결과물은 시간의 흐름에 따라 그때그때 매번 다르며 구글만 잘 활용해도 디자인 트렌드를 쫓아가는 데는 큰 문제가 없습니다.

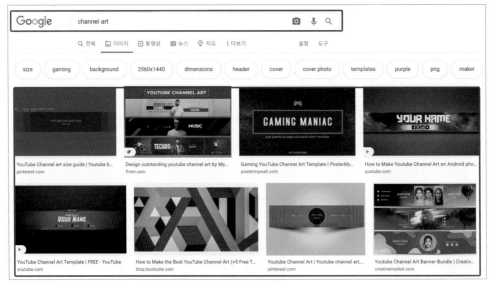

▲ 구글에서 '채널 아트(channel art)'로 검색하면 해외 자료부터 국내 자료까지 모두 찾을 수 있음

매년 새로운 옷을 사듯 디자인도 계속해서 새로운 옷을 입혀줘야 시대의 흐름을 따라가고 대중들의 사랑을 받을 수 있습니다. 유튜브 채널을 운영하는 이상 시청자들의 선택을 받으려면 트렌드를 반영하는 것이 좋습니다. 흐름을 잘 파악해 트렌디한 콘텐츠나 디자인을 제작해나간다면 훨씬 더 완성도 높은 채널을 만들 수 있을 것입니다.

INDEX

INDEX

INDEX